U0638264

思政课教学与中华优秀传统文化融合研究

王 剑 姜丹丹 刘雪莲 著

中国国际广播出版社

图书在版编目（CIP）数据

思政课教学与中华优秀传统文化融合研究 / 王剑,
姜丹丹, 刘雪莲著. -- 北京 : 中国国际广播出版社,
2024. 6. -- ISBN 978-7-5078-5577-7

Ⅰ. K203; D64

中国国家版本馆CIP数据核字第20240TR265号

思政课教学与中华优秀传统文化融合研究

著　者	王　剑　姜丹丹　刘雪莲	
责任编辑	张娟平	
校　对	张　娜	
封面设计	万典文化	

出版发行　中国国际广播出版社有限公司
电　话　010-86093580　010-86093583
地　址　北京市丰台区榴乡路88号石榴中心2号楼1701
邮　编　100079
印　刷　唐山唐文印刷有限公司

开　本　787毫米×1092毫米　1/16
字　数　230千字
印　张　11.5
版　次　2025年1月第1版
印　次　2025年1月第1次印刷
定　价　78.00元

PREFACE 前言

在当代中国，思想政治教育（简称"思政教育"）承担着塑造社会主义合格建设者和接班人的重要使命。随着时代的发展，如何将思政课教学与中华优秀传统文化完美融合，已成为教育改革的重要议题。本书旨在探讨这一过程中的理论与实践，提出创新的教学策略，并通过案例分析，展示融合教学的成效与前景。

中华优秀传统文化是中华民族的文化根脉和精神家园。它深厚的历史积淀和独特的价值观念，为当代思政教育提供了丰富的资源和肥沃的土壤。在新时代背景下，将这一宝贵遗产与思政课程内容结合，不仅可以增强学生的文化自信，还能深化他们对社会主义核心价值观的理解与认同。

本书共七章，每章都围绕"思政课教学与中华优秀传统文化融合"的主题展开讨论。第一章概述思政课的教学现状与基本理论，探讨其与中华优秀文化的自然渗透与互补性。第二章介绍中华优秀传统文化的发展脉络、主要内容及其在思政教育中的价值。第三章分析思政课与中华优秀传统文化融合的理论与实践可行性，提出基本原则与操作逻辑。第四章讨论具体的实施策略，包括提升教师的基本素质、考虑学生的学习特点、甄选传统文化内容与选用适当的教学方法。第五章深入探究思政课教学与中华优秀传统文化融合的内容，强调中华优秀传统文化的精神特质与核心理念的教学实现。第六章通过小学至大学不同阶段的教学案例，展示融合教学的具体应用与效果。第七章展望未来，探讨思政课与中华优秀传统文化更深层次融合的可能，以及其对学生就业与创业的潜在影响。

希望本书能为广大思政教育工作者提供理论指导与实践参考，促进思政课教学方法的革新，同时推动中华优秀传统文化的传承与发展。通过本书的学习与应用，教育者不仅能深化对中华优秀传统文化的理解，而且能为培养担当民族复兴大任的时代新人提供坚实的文化支撑和思想保障。

2024 年 4 月

CONTENTS 目 录

第一章　思政课教学概述

第一节　思想政治教育概述

一、我国当前思想政治教育情况概述

思想政治教育，通常简称为思政教育，是中国教育体系中一个重要的部分，旨在培养学生的政治意识、思想道德以及对社会主义核心价值观的认同。这种教育方式涵盖从小学到大学各个阶段，不仅是教育内容的传授，而且是一种价值观和思维方式的灌输。

（一）思想政治教育的目标和重要性

思想政治教育在中国教育体系中占据着核心地位，不仅塑造着学生的价值观和道德观，还深刻影响着社会的文化和政治面貌。具体来说，思想政治教育的主要目标包括以下几个方面。

1. 价值观塑造

通过思想政治教育，引导学生理解世界多元化和全球化的现状，认识到不同文化和社会之间的相互联系与影响；在全球视野下思考问题，形成开放和包容的世界观；理解人生的多样性和复杂性，引导他们树立积极向上的人生态度和正确处理人际关系的方法，帮助学生设定合理的人生目标和追求。思想政治教育强调富强、民主、文明、和谐等价值的重要性，培养学生对社会主义核心价值观的认同感和自豪感，使其成为指导思想和行动的准则。

2. 政治意识培养

思想政治教育通过加强学生对国家主权和领土完整的认识，培养他们的国家荣誉感和自豪感，理解维护国家利益的重要性。教育者通过教育使学生了解国家的法律法

规，理解法律对维护社会秩序和保障公民权利的作用，培养学生遵纪守法的习惯。思想政治教育工作的一个重点是强化学生对中华民族的认同，理解不同民族和文化的独特性与贡献，促进民族团结和社会和谐。通过各种教育活动和实践，加深学生对社会主义核心价值观的理解，使之转化为行动的动力。

3. 道德素质提升

思想政治教育工作可以使学生理解个人行为对社会的影响，培养他们面对社会问题时的责任感和使命感。通过团队活动和社会实践，强化学生的集体主义精神，使他们学会协作和牺牲小我，完成大我。在教育中，教师主动引导学生形成诚实、宽容、公正、谦逊等个人品质，为使学生成长为有益于社会的人才打下基础。

这种教育的重要性不仅体现在个人的全面发展方面，而且体现在维护国家政治稳定、推广社会主义文化传承和构建社会主义和谐社会。通过这样的教育体系，不仅可以培养出符合社会主义现代化建设需要的合格公民，还可以加强国家的文化软实力和国际影响力。

（二）思想政治教育的实施方式

在中国的教育体系中，思想政治教育占据着核心地位。其教材和课程的设计旨在全面贯彻国家的教育方针，确保学生从小学到高等教育各个阶段都能接受到系统的思想政治教育。以下是对教材和课程设置的详细说明。

1. 课程设置

在小学阶段，思想政治教育课程主要围绕基础的道德教育，如"品德与生活"和"品德与社会"。这些课程帮助学生建立起基本的道德观念和生活习惯，同时引入简单的国家观念和公民意识。

到了初中和高中阶段，课程内容逐渐深入，加入"道德与法治"和"历史"课程。"道德与法治"课程旨在深化学生的法律意识和社会责任感，而"历史"则包括对中国历史及世界历史的学习，强调中华民族的发展脉络和革命历程。此外，"思想政治教育"课程直接涉及政治理论和社会主义现代化建设的教育。

在大学阶段，思政教育成为必修课程，如"马克思主义原理""毛泽东思想和中国特色社会主义理论体系概论"等，这些课程帮助学生形成系统的政治理论框架，深入理解社会主义核心价值观和中国特色社会主义思想。

2. 教材内容

各个阶段的思想政治教育教材都详细介绍了中国共产党从成立到现在的历史进

程，包括各个历史时期的重要事件、思想和政策的发展，使学生能够理解党的历史及其在中国历史上的地位。

同时，思想政治教育教材还介绍了新中国成立后特别是改革开放以来，社会主义建设在经济、政治、文化、社会等方面取得的显著成就，展示改革开放的正确性和必要性。

对于当代中国社会发展的政策，思想政治教育教材包括但不限于经济发展政策、对外开放政策、社会保障政策等。教材通过这些内容帮助学生了解国家的主要政策方向，培养他们的政策理解力和分析力。

思想政治教育教材强调社会主义核心价值观的内容，如富强、民主、文明、和谐等，同时教育学生在日常生活中如何践行这些价值观和道德规范。

这样的教材和课程设置不仅为学生提供了丰富的知识和深厚的文化背景，而且通过不同阶段的逐步深入，有效地将思想政治教育融入学生的学习和生活中，旨在培养他们成为有道德、有文化、有纪律的社会主义建设者和接班人。

二、新中国成立以来思想政治教育的发展动力

思想政治教育的理念和术语源远流长，其初见于马克思、恩格斯在 1847 年底所著的《共产主义者同盟章程》，标志着宣传和政治教育的重要性。随后，这一概念经历了从简单的"宣传"到"政治思想工作"，再到"思想政治教育"的多阶段演变。在这一演变过程中，不同时期的领导人通过多种场合明确了思想政治工作的重要性，体现了对工作和教育双重功能的强调。特别是 1984 年思想政治教育成为正式学科之前，对这一领域的定义已多样化。从 20 世纪 60 年代开始，"政治思想工作"成为广泛使用的术语，而教育领域则强调"教育"的重要性，逐渐明确了"政治思想教育"的概念。随着时间的推进，特别是 1978 年十一届三中全会之后，思想政治教育内容不断丰富，并在 1984 年正式确立为学科，统一采用"思想政治教育"这一术语。这标志着对教育和工作的统一认识，以及对培养具有社会主义意识形态的青年的重视。在当前教育实践中，"思想政治教育"一词被广泛应用，而在行政管理中则倾向于使用"思想政治工作"这一表述。概念术语"思想政治教育"根植于无产阶级及其政党的理论与实践，其演化过程与中国共产党的核心任务、历史角色及历史背景紧密相连。新中国成立以来，高等教育中的思想政治教育经历了社会主义革命、社会主义建设和社会主义改革各个阶段的实践探索，尽管面临一系列挑战和错误，但总体上实现了持续进步，获得了重要成果和经验。深入梳理这一时期思想政治教育的进展，特别是其

动力源泉和经验教训，对于在当下时代背景下推动该领域健康发展具有关键意义。

（一）思想政治教育的发展动力

思想政治教育的发展动力源自多个层面：基础动力源于社会生产力的发展，这直接关联到国民经济和人民生活水平的提升；党的历史任务和时代使命构成了其基本动力，这影响着教育的目标和方向；学生的个人发展需求是直接动力，这反映了教育需满足的具体要求。

起初，中国生产力水平较低，解决基本生活需求成为迫切问题。这一时的期思想政治教育着重于"政治工作"的功能。随着生产力的提高和人民生活水平的改善，思想政治教育的焦点逐渐转向思想引领和精神凝聚。在这个过程中，党的历史任务和目标不断调整更新，从最初的政权巩固和经济恢复，到后来的社会主义建设和现代化推进，思想政治教育的目标和内容也随之演变。

特别是改革开放以后，国家经历了全面的社会经济转型，生产力得到空前发展，同时对思想政治教育的要求越来越高，更加注重培养具有社会主义核心价值观的合格建设者和接班人。这一时期，党和国家明确提出了培养德、智、体、美全面发展的社会主义新人的目标。思想政治教育据此不断调整其教育策略和方法。

综上所述，新中国成立以来思想政治教育的发展既遵循了内在的逻辑规律，又是对社会发展新要求的积极响应。这个过程不仅凸显了思想政治教育的政治性和教育性的统一特征，也展示了其在不同历史阶段中的灵活性和适应性。

（二）思想政治教育的直接驱动力

学生个体发展需求作为高等教育中思想政治教育进步的直接驱动力，对于新中国成立以来思想政治教育的发展具有决定性影响。在这一时期内，社会对于人才的客观要求与学生的个人成长需求之间的差异，成为推动思想政治教育发展的关键因素。这种差异主要表现在几个方面：社会主义改造时期，社会对思想政治素养的需求与学生在传统教育背景下所形成的观念存在冲突；社会主义建设时期，对兼备"红色与专业"素质的要求与学生的实际思想状态不匹配；改革开放期间，对符合中国特色社会主义要求的政治品格和知识构成的需求与学生多样化的思想观念相矛盾；在新时代，培育具备全面发展素质的社会主义建设者和未来接班人的目标与学生受到西方意识形态影响的现实情况相冲突。

为了调和这些矛盾，思想政治教育持续自我革新，从过去偶尔举行的政治活动转变为一种更为常态化、制度化的实践；从全体参与型教育转向更加专业化和职业化的教学方法；从单一的理论讲授转向结合实际的理论应用；从封闭的教育模式转向更加开放和互动的学习环境。通过不断地理论创新、拓展研究领域、引入新的教育媒介和丰富教学方法，思想政治教育在解决社会需求与学生发展需求之间的矛盾过程中取得显著进步，有效提升了教育的针对性和实际效果，更好地满足了学生的成长和发展需要。

三、新中国成立以来思想政治教育的发展经验

（一）坚持以马克思主义为指导思想，确保思想政治教育的正确方向

在过去的七十多年里，随着新中国的成立和发展，高等教育领域的思想政治教育经历了不断的探索、实践与进步，形成了丰富的经验。

首要的经验是始终把马克思主义作为思想政治教育的核心指导思想，这一点确保了教育方向的正确性。新中国成立伊始，便以马克思主义理论为基础，致力于消除封建主义思想和帝国主义思想对年轻一代的影响。随着党和国家对高等教育的持续指导，学校逐步改进和开设相关的理论课程，强调对马克思主义中国化成果的学习和研究。例如，自20世纪50年代起，便加强了《毛泽东选集》的编纂和传播工作，并推广毛泽东思想教育。虽然在"文化大革命"期间出现了一些偏差，但中国共产党通过不懈的努力，总结经验教训，推动马克思主义与中国具体实际相结合，不断更新马克思主义中国化的理论成果。

改革开放以来，党继续发展马克思主义理论，丰富和深化思想政治教育的理论内容和教学指导，从而保障了教育工作方向的准确性。思想政治教育应牢固树立马克思主义指导地位，深入开展理论教育，为学生的终身发展奠定坚实的思想基础。

（二）加强党的全面领导，将思想政治教育工作作为学校各项工作的生命线

维护党对各项工作的全面领导是思想政治教育成功的关键。历史经验表明，只有坚持和加强党的全面领导，思想政治教育才能得到加强和完善。反之，忽视或削弱这一领导，就会导致思想政治教育遭遇挑战，甚至失败。例如，在20世纪80年代，受市场化和西方化影响，一些学校尝试实施校长负责制，结果削弱了党在学校中的领导作用，影响了思想政治教育的质量。为应对这一问题，从1990年起，国家开始强调学校应实施党委领导下的校长负责制，确保思想政治工作在学校中的核心地位。毛泽东、

邓小平、江泽民、胡锦涛以及习近平等国家领导人都强调了党对学校各项工作，尤其是思想政治教育工作的领导作用。

（三）加强思想政治教育学科建设，促进思想政治教育的科学化发展

加强思想政治教育学科建设，推动思想政治教育的科学化发展，也是累积的重要经验之一。"思想政治工作是一门科学"，这一理念的确立促进了思想政治教育学科的形成和发展。从 1980 年起，国家开始探索设置政治工作专业，并在 1984 年将思想政治教育学正式确立为专业方向，南开大学、武汉大学等高校成为该专业的试点。此后，国家设立了硕士和博士学位授权点，逐步建立起完善的思想政治教育学科体系。2005 年，中央进一步加强了马克思主义理论学科建设，鼓励高校设置马克思主义理论博士点，并推进马克思主义学院和国家级研究中心的建设，这些措施有效促进了思想政治教育的科学化、系统化发展。

（四）加强思想政治理论课建设，发挥思想政治教育主渠道作用

新中国成立以来的，党和国家积极探索和推进思想政治教育工作者队伍的构建和发展。1952 年，中共中央实施了在高等院校试点政治工作制度的指令，倡议在条件允许的高等院校成立政治辅导处，形成了政治辅导员的初步队伍。1958 年，教育部进一步明确了思想政治理论课教师队伍的专兼职结构、管理领导方式，并提出成立专业培训机构的建议。到了 1978 年，《全国重点高等学校暂行工作条例（试行草案）》发布，规定了一、二年级设立政治辅导员或班主任的要求，从有政治工作经验的专职党政干部、政治理论课教师中选拔人员担任。

（五）加强思想政治教育队伍建设，为思想政治教育提供人才保证

为确保思想政治教育工作队伍的规模和素质，1995 年国家教育委员会发布《中国普通高等学校德育大纲》，首次明确了学生专职政工人员与学生的比例要求；2017 年，中共中央、国务院印发《关于加强和改进新形势下高校思想政治工作的意见》，提出思想政治理论课教师与学生、辅导员与学生的比例标准。党的十八大以后，思想政治教育工作者队伍建设步入创新和发展的新阶段，2014 年教育部发布的《教育部关于印发〈高等学校辅导员职业能力标准（暂行）〉的通知》为新时代辅导员提出了"又红又专"的要求；2016 年的全国高校思想政治工作会议则对新时代的队伍建设方向进行了全面阐述。

2019 年，教育部颁布《普通高等学校思想政治理论课教师队伍培养规划（2019—2023 年）》，对思想政治教育理论课教师队伍建设提出了新的要求，要求思想政治理论课教师做到"切实做到政治要强、情怀要深、思维要新、视野要广、自律要严、人格要正"，培养数十名在全国范围内有影响力的思想的思想政治教育大师。

目前，我国已形成了一支既具有政治理论素养又专业化、职业化、稳定的思想政治教育工作者队伍。

四、思想政治教育当前存在的问题

（一）教育对象存在的问题

在新中国成立的七十年多里，思想政治教育面向的学生群体在几个关键方面遇到了挑战。首先，学生群体的政治信念和价值观念尚未坚定，存在着一定程度的功利性。

其次，学生在基础理论知识和学习目标的明确性上存在不足。

再次，部分学生缺乏自我认知，存在自卑感。调查结果表明，大多数学生持有积极的社会责任感，然而，仍有少数学生因各种原因缺乏自信，例如高考录取过程中被公立院校拒绝、民办院校较高的学费对于普通家庭学生造成的心理压力等。加之，民办学校自身在教育经验、发展机制以及教学质量方面的不足，使其在人才培养过程中面临更多挑战。

（二）教育者存在的问题

在我国的高等教育系统中，一部分教育管理层和教师对学生的思想政治教育未能给予充分的关注。作为思想政治教育工作的关键执行者，他们在贯彻国家思想政治教育方针和政策的过程中扮演着极其重要的角色。理论和思想政治的教育可以通过富有吸引力的课堂讲授有效传播。然而，一些学校在追求满足社会对学生专业技能的需求时，过分强调技能训练，而忽略了对学生进行正确政治理念指导的重要性。此外，一些学校领导层对思想政治教育的轻视也是造成思想政治教育工作未受到应有重视的另一因素。一些民办学校的创始人可能因缺乏深入的教育背景和对政治教育重要性的理解，而采取与企业类似的运营模式来管理学校。这种做法忽视了对学生进行思想政治教育和正确价值观引导的必要性。

教育者的角色复杂性在我国的教育系统中同样显著。在常规情境下，教育者作为教学和教育活动的主导者，承担着向学生传授知识和价值观的职责。然而，在特定情况下，教育者和受教育者之间的主客体关系可能会发生变化，使原本的教育者在某些情境下变成学习的接受者。鉴于这种身份的特殊性，教育者需要不断地更新自身的知识体系、提升道德修养，并掌握相关的教育学知识，以便于适时地调整和转换自己的角色。

此外，我国教师队伍在学历和职称结构上存在不均衡的现象。总体上，教师的分布呈现非正常状态，例如，高校中教授级别的兼职教师比例高达 36.5%，在民办高等教育机构中占有相对较大的比例。而从高级职称的兼职教授与初级职称的助教讲师之间的比例来看，存在一种较为平衡的状态，显示出职称结构在一定程度上的均衡分布。

（三）教育环境存在的问题

在我国教育体系中，教育环境建设还面临着一系列挑战。首先，学校的管理和教育机制尚未完善。受限于多种因素，包括资源配置和制度建设等，我国学校特别是民办高校在科学管理和教育运行方面仍然处于探索阶段。这些学校往往需要依赖自身的资源进行运营，面临着招生和就业这两大核心问题。这不仅影响了学校的长远发展，也忽视了构建学校内部持续发展的制度框架。理想的教育环境应当是教育、管理和服务三者相辅相成，共同促进学生的全面发展，但目前很多学校未能实现这一目标，思想政治教育的有效性因而受到限制。此外，由于缺乏政府资助，学校的财务状况较为紧张，教育资源和活动的实施受限，进一步影响了教育质量和效果。

其次，学校教育机制存在明显的弊端。资金短缺、教育设施建设不足、师资队伍建设不够完善等问题导致学校的教育和管理体系运行效率低下。很多学校在思想政治教育方面的重视程度不够，导致思想政治理论课教学效果不理想和教育经验不足等问题。再者，"重技轻德"的教育模式削弱了思想政治教育的效果。为了提高就业率和吸引更多的学生，很多学校将教学重心放在了提高学生的专业技能上，而忽略了思想政治教育的重要性。这种教学模式不利于学生全面发展，也忽略了对学生进行思想政治引导和价值观培养的重要性。同时，学校思想政治教育工作往往被视为次要任务，缺乏校内外的广泛支持和认可，这进一步限制了思想政治教育工作的深入开展和效果实现。

面对学校思想政治教育的发展，特别是在民办学校中，存在着建校历史较短导致的一系列挑战。民办学校在思想政治教育领域的探索和实践时间相对有限，虽然经过数年的努力，一些院校已经积累了丰富的实践经验，并建立了一支具备较为广泛知识和先进教育理念的教师队伍，但是，面对快速变化的社会环境和学生群体的多样化需求，这些学校在思想政治教育的机制建设和教育方法更新上仍面临着挑战。教育者自身的知识和技能更新跟不上时代的步伐，加之教师流动性较大，一些视教育职业为暂时工作的态度，以及专业匹配不足的问题，均使这些院校难以实现思想政治教育的既定目标。此外，教师的专业技术能力、基本教育知识和道德素质亟须加强，以便更好地应对学生的心理和认知调整需求。

在学校思想政治教育的具体实施方面，虽然多数学校响应教育部的号召，设立了相关课程，但课程内容大多限于理论讲授，未能实现理论与实践的有效融合。这导致学生对思想政治课程的理解不深，教学内容未能触及学生内心，教育方法仍旧遵循传统模式，缺乏创新和实用性。此外，很多学校在思想政治教育中更侧重于知识传授，忽视了育人功能，未能充分挖掘和利用有效的教育资源和手段，使教育活动的实效不如预期。这些问题的存在，无疑加大了学校在推进思想政治教育过程中的难度，需要学校在思想政治教育的理念更新、方法改革及资源整合等方面进行深入探索和创新。

第二节　思想政治理论课教学概述

随着时间的推移，思政课程不断调整和丰富其教学内容和方法，以适应社会发展的需要。特别是进入 21 世纪，思政课程更是加强了对当前国际政治经济形势的分析教学，以培养学生的国际视野和战略思维能力。这一系列教育实践表明，思政课不仅在学生个人成长中起到了基石作用，也为中国社会的稳定和发展提供了坚强的思想保证和人才支持。

通过这样的课程设置和教育实践，思政课在中国教育体系中的定位日益明确，其作为培养社会主义合格建设者的重要工具，其重要性和影响力只会随着时间的推移而增强。这不仅体现了中国对于教育的重视和投入，也展示了教育在国家发展和社会构建中的基础性作用。

一、思想政治理论课教学的课程内容

思政课程的内容设计旨在全面提升学生的政治理论水平、法制意识、道德修养及时事判断能力，以培养他们成为具有社会责任感和历史使命感的社会主义建设者。以下是思政课程内容的具体划分。

（一）基础理论教育

1. 马克思主义基本原理概论

马克思主义基本原理概论课程是思想政治教育的基石，其重要性在于为学生提供一套科学的理论框架，以马克思主义的视角解释世界的运行机制和变革途径。该课程主要分为马克思主义哲学、政治经济学和科学社会主义三个部分，每一部分都是理解整体理论体系的关键。

（1）马克思主义哲学

马克思主义哲学是理解马克思主义基本原理概论的核心，它基于唯物史观和辩证法，提供了一种全新的世界观和方法论。唯物史观强调历史的物质基础和社会存在决定社会意识，而辩证法则提供了一种事物发展变化的普遍规律，强调对立统一、质量互变和否定之否定等原则。通过学习马克思主义哲学，学生能够掌握分析和解决问题的科学方法，学会从历史和逻辑的维度深入理解社会和自然界的变化。

（2）政治经济学

政治经济学部分则深入讲解资本主义经济体制的运作机制和社会主义经济的建设原则。这一部分内容让学生理解经济基础与上层建筑之间的关系，探索资本的积累过程及其对劳动者的剥削机制。通过剖析资本主义经济的矛盾，学生能够认识到社会主义经济体制的优越性。

（3）科学社会主义

科学社会主义部分是对马克思主义理论在实际政治生活中的应用进行系统的阐述。这一部分不仅介绍了社会主义的理论基础和发展历程，还包括对共产主义理想的追求以及社会主义社会的具体组织形式。科学社会主义强调通过革命和建设步骤逐步实现社会主义社会，终极实现一个无阶级、公有制的共产主义社会。学生通过学习科学社会主义，不仅能够了解社会主义建设的理论和实践，还能够深刻理解通过社会主义道路推动社会的进步和发展。

通过系统地学习这三个部分，学生不仅能够全面理解马克思主义基本理论，还能学会应用这些理论来解释和改造世界。这种深入的理论学习和实践探索，不仅增强了学生的理论素养，也为他们提供了观察世界和参与社会主义建设的科学工具和方法论基础。

2. 毛泽东思想

毛泽东思想是马克思列宁主义与中国具体实际相结合的产物，是中国共产党和中国人民在长期革命和建设实践中形成的一整套理论体系和方法论。在思想政治理论课中，毛泽东思想的教学不仅涵盖其理论核心和基本内容，还深入探讨其在中国革命和社会主义建设中的具体应用，以及这一思想体系对中国现代化道路的深远影响。

通过对毛泽东思想的学习，学生可以深刻感受到这一思想体系对中国社会主义发展的深远影响，认识到其在推动中国社会政治和经济变革中的重要角色。这不仅有助于学生形成正确的历史观和国家观，也为他们将来在政治和社会生活中做出贡献奠定了坚实的理论基础。

3. 中国特色社会主义理论体系概论

中国特色社会主义理论体系概论是继毛泽东思想后，中国共产党的又一重大理论贡献。它不仅是改革开放的指导思想，也是建设中国特色社会主义的理论基础。这一理论明确了现代化建设的方向和途径，强调了理论与实践相结合的重要性，并为中国特色社会主义的发展提供了科学的指导原则。

中国特色社会主义理论体系概论的一个重要方面是强调理论必须与实践紧密结合。这一理论反对脱离中国实际的空洞理论，主张理论的发展必须基于实践的检验，这一点在改革开放过程中得到了充分体现。通过不断试验和错误的调整，中国探索出一条适合自己国情的发展道路。这使中国特色社会主义理论体系概论成为不仅具有指导意义而且具有广泛实用价值的科学理论体系。

通过学习中国特色社会主义理论体系概论，学生不仅可以深刻理解改革开放背后的理论依据，还可以学习到如何将科学理论应用于实际操作中，处理和解决复杂的社会经济问题。这种知识的传授是极其宝贵的，它不仅为学生今后的职业生涯奠定了坚实的理论基础，也为他们将来在推动社会主义现代化建设中发挥作用提供了科学指导和方法论支持。

（二）时事政治教育

时事政治教育是思政课程中不可或缺的一部分，它涵盖国内政治动态和国际政治经济形势两大主题，旨在通过分析最新的政策变化和全球事件来培养学生的时事政治敏锐性和分析能力。以下是对这两部分内容的详细扩展。

1. 国内政治动态

（1）政策变动

定期分析中国政府发布的新政策及其改革措施，如经济调控策略、社会保障体系优化、环保法规新标准等。教学中，教师会引导学生理解这些政策的目的、途径和预期效果，以及可能面临的挑战和争议。

（2）政府行为

解析政府在国内外事务中的决策和行动，包括反腐倡廉、政治体制改革、重大国际会议的外交策略等。这些内容帮助学生认识到政府行为对国家和社会的深远影响。

（3）社会影响

探讨上述政策和行为对普通民众生活的实际影响，包括经济生活、社会稳定、公民权利等方面。通过案例分析，使学生能够从多角度评价政府政策的有效性和公平性。

通过这些教学内容，学生可以建立起对国家政治生态的敏感度和深入理解，增强其应对和分析国内政治事件的能力。

2. 国际政治经济形势

（1）全球化进程

分析全球化的历史和现状，讨论其对各国经济、文化、政治的影响，特别是对中国的开放政策和国际贸易的具体影响。这包括全球供应链的变化、国际资本流动、以及跨国公司在中国的经营策略等。

（2）国际冲突

研究当前的国际热点，例如中美贸易战、南海争端、中东局势等。通过这些研究，学生能够理解国际政治中的利益冲突、外交策略和国际法律的应用。

（3）经济危机

分析如金融危机这类国际经济事件对全球经济的影响，以及对中国经济的具体影响。教学中，教师将引导学生探讨危机的原因、过程、影响及其解决方案，以及中国如何通过政策调整应对全球经济变动。

通过对这些国际事件的研究和分析，学生不仅可以获得全球视野，还能够深入了解国际事务中的复杂性和动态性。这种教学不仅可以提升学生的分析和判断能力，还可以帮助他们形成基于理性和知识的对外观点和策略。

综上所述，时事政治教育通过对国内外重要政治经济事件的深入分析和讨论，不仅能增强学生对实际政治经济问题的敏感性和理解力，还能培养他们批判性思维和独立思考的能力。这对于学生形成全面的世界观、国家观和个人价值观具有重要意义。这部分内容使学生能够结合理论知识解析当前事件，理解国内外政治经济情况的复杂性及其背后的逻辑，从而更好地服务于国家和社会。

（三）法律教育

1. 法律教育的重要性和实施

法律教育在思想政治理论课中占据着至关重要的位置。它不仅关乎法制意识的普及，也关乎国家法治建设的根基。通过系统的法律教育，学生可以更好地理解法律的基本原理和应用，从而在日常生活中自觉遵守法律，维护自身合法权益，同时也能积极参与法治国家的构建中。

2. 提升法制意识

法律教育首先能显著提升学生的法制意识。在课程中，学生不仅学习法律的字面意义，还通过案例分析等方式理解法律背后的社会价值和道德理念。这种教育方式帮助学生认识到法律不仅是社会秩序的保障，还是公民行为的规范。通过了解不同法律条文如何应对具体问题，学生能够逐步建立起尊重法律、依法行事的观念。

3. 培养按法律规范行事的生活方式

法律教育还教导学生将法律规范融入日常生活，培养他们按法律规范行事的生活方式。这不仅包括个人行为的规范，如公平交易、合法竞争等，也包括在遇到法律问题时能够通过合法途径解决争议，如利用法律咨询和司法途径保护自身权益。通过这种教育，学生能够在实际生活中更好地应用法律知识，处理各种法律关系和法律问题。

4. 对法治国家的贡献

法律教育对于形成健全的法治国家具有不可替代的作用。一个法治国家的基础在于其公民的法律素养和法律遵守度。通过普及法律教育，不仅可以提高公民遵守法律的自觉性，还可以提升公民对法律权威的尊重和对法治秩序的维护意识。此外，法律教育还能够激发学生对法律职业的兴趣，为国家培养更多的法律人才。这些人才将在司法机构、法律服务机构等多个领域发挥作用，进一步推动法治进程。

综上所述，法律教育在思政课程中的重要性不仅体现在提升学生的个人法制意识和法律生活方式上，而且体现在其对国家法治体系的长远发展和完善中扮演的关键角色上。通过法律教育，可以有效构建一个法律知识普及、法律规范普遵的社会环境，为实现社会公平正义和持续稳定发展提供坚实保障。

（四）道德教育

社会道德课程是思政教育中的核心组成部分，通过这一课程的学习，不仅可以丰富学生的知识体系，还可以显著提升他们的综合素质。这种教育对于培养具有全面能力的社会主义事业建设者和未来的接班人具有不可估量的重要价值。

1. 知识体系的丰富

社会道德课程涵盖了从基本的个人道德行为到复杂的社会伦理问题的广泛内容。学生通过学习基础道德规范，理解并掌握诚信、公正、责任、爱心等基本道德原则，并学会在日常生活中实践这些原则。公民道德构建探讨作为社会成员应遵守的行为准则，如遵守法律、尊重他人、公共秩序维护等。职业道德概念重点分析各种职业角色应持有的道德标准，例如医生的仁心仁术、教师的公平公正、商人的诚信经营等。社会伦理问题讨论现代社会中出现的伦理问题，如网络道德、环保道德、公共资源分配的公正性等。这些内容的学习不仅提供了理论知识，而且加深了学生对现实世界问题的理解和分析能力。

2. 综合素质的提高

通过对社会道德课程内容的学习，学生的综合素质得到显著提升。学生能够在复杂的社会环境中做出符合道德规范的判断，如在面对利益冲突时能权衡利弊，做出公正的决策。通过对不同社会问题的探讨，学生能在情感上认同社会主义核心价值观，形成正向的价值观和人生观。明确作为社会成员的责任和义务，增强了服务社会、贡献社会的意识和行动力。

3. 培养社会主义建设者和接班人

社会道德课程的教学不仅仅是知识的传授，更是一种价值观的灌输和人格的塑造。它为培养社会主义建设者提供了必要的道德基础和思想武装。这些未来的建设者和接班人将在遵循社会主义核心价值观的指导下，推动社会的全面发展。培养学生的国家观念和民族自豪感，增强国家和民族的凝聚力。在道德教育的支持下，鼓励学生在科技、文化、经济等领域进行创新和实践。以道德和责任为引领的创新活动更符合社会主义发展的需求。将道德教育与社会实践相结合，通过志愿服务、社区服务等形式实际应用所学知识，增强解决实际问题的能力。

综上所述，社会道德课程的重要性不仅体现在知识和能力的培养上，而且体现在对学生人格形成和价值观建设的深远影响上。这些都是培养全面发展的社会主义事业建设者和优秀接班人的基础和保证。

二、教学方法与手段

思想政治理论课的教学方法和手段是实现课程教学目标的关键。为了适应不同学生的学习需求和提高教学效果，采用多样化的教学方法尤为重要。

（一）传统教学

讲授法和讨论法是思政课中最常见的传统教学模式。讲授法以教师为中心，通过系统的讲解帮助学生理解和记忆理论知识。优势在于可以高效传达大量信息，确保教学内容的系统性和完整性。局限性在于可能导致学生被动接受信息，缺乏足够的互动和批判性思维培养。

相对于讲授法，讨论法更加强调师生互动，通过引导学生参与讨论，激发其思考和表达意见。这种方法能够提高学生的参与度和兴趣，促进批判性和创造性思维的发展。其局限性在于控制讨论的质量和深度需要较高的教师引导技巧。

（二）现代教学技术应用

随着技术的发展，多媒体和互联网资源已成为现代教育的重要工具。利用视频、动画、图表等多媒体形式，可以使抽象的政治理论更加直观和易于理解，同时也能吸引学生的注意力，提升教学效果。通过网络平台，教师和学生可以访问海量的教育资源，包括最新的新闻事件、学术文章、在线讲座等。这些资源丰富了教学内容，也便于学生进行自主学习。

（三）案例教学

1. 案例教学的深入应用与效果

案例教学是思想政治理论课中一种极为有效的教学方法，它通过将理论与现实世界中的具体实例紧密结合，极大地增强了教学的吸引力和实际效果。这种教学方法不仅让学生在具体的社会背景中探索理论的应用，而且能有效地培养学生的综合分析能力和批判性思维。

2. 理论与实际相结合

案例教学通过具体事件将抽象的理论内容具体化，使学生能够直观地看到理论在实际操作中的运用。例如，通过研究 1978 年以后中国的经济改革，学生可以具体了解邓小平理论中关于经济发展和开放市场的策略是如何转变为具体政策，以及这些政策如何实际影响到中国的经济结构和全球地位的；分析抗击 SARS、新冠疫情的过程中展现的社会主义核心价值观，学生可以了解我党如何在危机中指导行动、团结人心并解决问题。

通过这些具体案例的学习，学生不仅能够理解理论的深层含义，还能看到理论指导下的实际成效。这种体验能大大增强他们对知识的认同感。

3. 培养问题解决能力

案例教学强调学生的主动学习和参与，要求他们在教师的引导下，独立或以小组合作形式分析问题、提出解决方案。这种教学模式通过分析历史或当前事件，使学生识别问题的核心，区分不同因素的影响，从多个角度考虑解决方案。这样的训练能显著提高学生的逻辑思维能力。案例教学鼓励学生不接受表面的理论解释，而是深入挖掘事件的多层次因素，批判性地评价各种假设和解决方案的有效性。这种思维模式对于培养能够独立思考和创新的社会主义建设者尤为重要。

4. 教学的实践性强化

案例教学使抽象的政治理论与学生的日常生活和社会实践相联系，增强了学习的针对性和实用性。学生通过探讨和分析实际案例，不仅能够学到书本上的知识，而且能够学会如何将这些知识应用于解决实际问题，例如在社区服务、环保活动、志愿服务中实践社会主义核心价值观。

总而言之，案例教学作为思政课的一种重要教学手段，通过将理论知识与实际案例结合，不仅极大地增强了学生的学习兴趣和教学效果，也深化了学生对理论知识的理解和应用，培养了他们的问题解决能力和批判性思维，为形成具有高度社会责任感和实践能力的社会主义建设者奠定了坚实的基础。

（四）角色扮演和模拟法

角色扮演和模拟法提供了一种互动性强的学习方式。通过模拟国内外政治活动，如国家选举、立法过程、国际外交谈判等，学生可以从不同角色的视角深入理解政治过程和策略。这种方法极大地增强了学生的实践和参与感，帮助他们在实际操作中学习和应用政治理论，从而更全面地掌握知识和技能。

总之，通过结合使用这些多样化的教学方法与手段，思政课可以更有效地培养学生的政治理论知识、批判性思维能力以及实际操作能力，为培养能够适应社会主义建设需要的高素质人才打下坚实的基础。

三、教学评价方式

教学评价是教育过程中的重要组成部分。它不仅可以衡量学生的学习效果，还可以反馈教学质量，促进教学方法的改进和学生学习能力的提升。在思想政治理论课中，采用多样化的评价方式尤为关键，以确保学生能全面理解并实践课程内容。

（一）形成性评价

形成性评价主要通过跟踪学生的学习过程来进行，目的是及时发现问题并指导学生进行相应的调整。这种评价方式包括以下内容。

1. 平时作业

定期布置相关主题的作业，可以是书面作业、在线讨论或其他形式的作业，以检验学生对课堂知识的理解和应用能力。

2. 课堂表现

包括学生在课堂上的发言、讨论参与度以及对课堂内容的反馈。这些都是评价学生课堂活跃性和理解深度的重要指标。

3. 小测验

进行周期性的小测试。这些测试通常覆盖最近的课程内容，旨在检查学生的短期记忆和理解能力，同时鼓励学生及时复习和巩固所学知识。

通过这些形成性评价，教师能够实时掌握学生的学习状态和进展，以便及时提供必要的学习支持，及时调整教学策略，从而促进学生能力的全面发展。

（二）终结性评价

终结性评价通常在课程结束时进行，用以评估学生对整个课程内容掌握的程度和质量。这种评价方式包括以下内容。

1. 期末考试

通过设置涵盖整个课程内容的考试题目，测试学生对关键概念和理论的理解程度以及分析和应用这些概念的能力。

2. 课程论文

要求学生撰写论文，深入分析某一特定主题或案例。这不仅检验了学生的理论知识，而且考察了其独立研究和批判性思考的能力。

终结性评价的结果是衡量学生是否达到课程学习目标的重要依据。对于学生来说，这是展示其整体学习成果的机会。

（三）多元评价

多元评价体系旨在从多个角度全面评估学生的学习表现，强调评价的广泛性和互动性。

1. 师生互评

教师对学生的评价是常规的，而学生对教师教学效果的反馈也同样重要。这种互评可以提高教学质量，调整教学方法，以更好地满足学生的需求。

2. 同伴评价

学生相互评价可以增强他们的责任感和批判性思维能力。通过评价同伴的作业和表现，学生不仅可以从他人的表现中学习，还可以通过批评和自我批评来提高自己的思考和表达能力。

多元评价使评价过程更加全面和公正，有助于构建一个互助和协作的学习环境，提升学生的综合素质。

通过实施形成性评价、终结性评价和多元评价，思政课程能够更加有效地促进学生的全面发展，不仅使他们牢固地掌握了知识，提升了他们的技能，还强化了他们的社会责任感和批判性思维能力。这些评价方式的综合应用，确保了教学活动的高效性和教学目标的实现。

第三节　思政课教学与中华优秀文化的渗透

中华优秀文化是指流传于中华民族长达数千年的传统文化和精神财富，包括但不限于儒家思想、道家哲学、佛教文化以及各种民间传统、节日习俗、文学艺术和语言智慧等。这些文化元素不仅深刻影响了中华民族的思想行为方式，也是现代社会核心价值观的重要源泉。将中华优秀文化融入思政课教学具有深远的意义。首先，这可以帮助学生深入理解中华民族的历史和文化，增强民族自豪感和文化自信。通过学习传统文化中的道德观念和哲学思想，学生能够更好地把握和传承中华文化的核心价值。其次，中华优秀文化中蕴含的丰富道德教育资源是现代思政教育的宝贵财富。例如，儒家思想中的"仁爱""礼义"观念，可以有效地与社会主义核心价值观结合，教育学生在现代社会中实践公民美德和社会责任。

一、中华优秀文化概述

（一）中华优秀文化的多维展现

中华优秀文化作为世界上最古老的文化之一，不仅深深植根于中国广大地区，而且对全世界文化发展产生了深远的影响。其主要内容包括道德观念、哲学思想、历史故事、艺术形式和节日习俗等多个方面，每一方面都有其独特的价值和意义。

1. 道德观念

（1）仁：关爱与同情心的体现

在儒家思想中，仁是最核心的道德品质之一，代表着对他人的深切关怀和无私的爱。仁的实践不仅是对家人和朋友的爱，而且涉及对所有人的同情和关爱。这种品质要求个体在行为上展现出对他人的考虑和善意，是社会和谐与人际关系良好的基石。例如，孔子提倡的"己所不欲，勿施于人"就是仁的具体体现，教导人们在行动前先考虑他人的感受和需求。

（2）义：正当性与道德责任

义作为儒家五常之一，强调行为的正当性和合宜性。它不仅关系到遵守社会法律和规范，而且涉及内心的道德判断和责任感。在传统文化中，义与利常常被对立讨论，强调在面对道德和利益的选择时，应优先考虑道德的正当性。义的实践是评价个人品德的重要标准，要求个体在各种社会关系中寻求公正和适当的行为方式，如忠诚、守信、公正等。

（3）礼：礼节与社会秩序

礼在中华文化中具有深远的影响。它不仅是一种外在的礼仪表现，而且是维护社会秩序和人际关系和谐的重要规范。礼的范畴包括日常的礼貌行为、社交礼仪以及国家典礼等，是社会文明程度的重要体现。通过遵守礼节，个体能够在社会中赢得尊重并避免不必要的冲突。同时，礼也帮助人们在复杂的社会关系中找到适当的行为模式，如尊老爱幼、上下有序等。

（4）智：智慧与知识的应用

智代表着智慧和理智，强调知识的获取和正确运用。在儒家思想中，智不仅是丰富的知识储备，而且是在具体情境中正确应用这些知识以做出合理判断。智的培养能够帮助个体深思熟虑，从而在面对道德和实际问题时，能够做出符合道德和理性的选择，避免盲目和冲动的行为。

（5）信：诚信与可靠性

信，即诚信，是所有社会交往中的基础。它要求个体言行一致，保持诚实和可靠，无论在商业活动中的守约、在个人关系中的真诚相待，还是在公共生活中的公正无私，信的要求都是不可或缺的。诚信的缺失会导致个人信誉的下降和社会交往的困难，而一个坚守诚信的社会能够维护良好的交往秩序和稳定的社会环境。

通过对这些道德观念的深入理解和实践，不仅能够提升个人的道德水平，还能促进社会整体的和谐与进步。在思政教育中强调这些传统道德观念的学习与应用，对于培养具有良好道德品质的现代公民具有重要的现实意义。

2. 哲学思想

（1）道家哲学

道家哲学以老子《道德经》和庄子的思想为代表，主张"自然无为"。这一哲学思想强调顺应自然法则，反对人为过度干预和强制性控制。老子认为，万物发展有其内在的规律和节奏，最佳的治理方式是顺应这些自然规律而非违抗之。从政治层面讲，道家推崇"无为而治"，主张政府应减少干预，让人民自由生活，以达到社会和个人的和谐状态。在个人修养方面，道家倡导简朴的生活和内心的平和，认为这是达到心灵自由与幸福的路径。道家这些观点为现代社会提供了对抗压力和维护个人及社会和谐的有益参考。

（2）儒家哲学

儒家哲学以孔子为核心，其思想体系强调人伦关系的重要性和社会伦理的规范性。孔子提出了"五伦"（父子有亲、君臣有义、夫妇有别、长幼有序、朋友有信），来定义和维护社会秩序。在儒家看来，教育是培养道德和伦理的主要途径。通过学习和内化社会规范，每个人可以成为促进社会和谐的一员。仁爱是儒家哲学的核心。孔子认为，仁爱是处理人际关系的基石，可以增进人与人之间的和谐关系。儒家哲学在现代社会仍具有重要价值，尤其在推动社会稳定、增进家庭和职场关系方面展现出其独到的意义。

（3）佛教哲学

佛教最初起源于印度，后传入中国，并与中国的传统文化，如道家和儒家哲学等产生了深入的融合。佛教哲学中的核心观念是因果循环（业力）和中道平和。佛教认为，所有生命都是相互连接的，一个人的行为（善或恶）都会产生相应的结果。这一点决定了人的命运和转世的轮回。通过理解和接受生活的苦难，以及实践，如禅修等方法，佛教教导人们如何在矛盾和苦难中寻找心灵的平静。佛教的这些教义在帮助人们处理个人痛苦、发展同情心以及促进社会和谐方面，提供了有效的策略和工具。

这三大哲学流派各自从不同的角度解读世界和生活，提供了丰富的道德指导和哲理思考，对于构建现代社会的伦理体系和促进个人精神发展均有不可替代的作用。通过在思政课中深入探讨这些哲学思想，不仅能够帮助学生更好地理解中华文化的精髓，还能够提升他们解决现实问题的能力和水平。

3. 历史故事

历史故事，尤其是通过文学作品呈现的那些，不仅是为了讲述过去，而且通过丰富的人物塑造和复杂的情节交织，展示了深刻的道德教育和价值观传递。这些故事中的人物性格特点——忠诚、智谋、勇敢——不仅是叙事的工具，也是深化文化理解和道德思考的重要媒介。

（1）价值观的传递与道德教育

①忠诚：在许多历史故事中，忠诚不仅体现为对国家的忠诚，也表现为对个人理想、朋友和家族的忠诚。例如，在《三国演义》中，关羽过五关斩六将，只为还刘备的恩情，展示了深厚的忠诚与友谊。

②智谋：智谋常常是历史故事中的关键，它不仅解决了一时的危机，而且影响了整个历史的进程。诸葛亮的草船借箭、空城计等典故，不仅展示了其卓越的军事智慧，也教育现代人在复杂情况下应运用智慧和策略。

③勇敢：历史故事中的勇敢往往与战争和抗争相关，如岳飞抗金、文天祥的坚守等。这些故事激发人们面对困难和挑战时不屈不挠的精神。

这些性格特点不仅塑造了一代又一代中国人的价值观，也通过故事的形式被一代代传承下来，成为现代社会道德教育的重要资源。

（2）历史的镜鉴与现代思考

这些故事也反映了古代社会的政治斗争和民间抗争的复杂性，为现代人提供了反思和学习的机会。

①政治斗争：历史文学作品，如《三国演义》深刻揭示了权力的争夺和政治的复杂性。这些故事帮助现代人理解政治行为的后果，以及在权力面前保持正直的重要性。

②民间抗争：《水浒传》中的梁山好汉反抗腐败官僚的行为，虽然带有浪漫主义色彩，但反映了民间对于不公正待遇的抵抗和反叛。这对现代社会有着重要的启示意义，即公民应当如何在法律和道德的框架内争取自身的合法权益。

这些历史文学作品不仅增加了文化的多样性，也加深了人们对历史事件背后深层社会、道德和政治问题的理解。通过学习这些故事，现代人可以获得关于如何处理现实生活中复杂问题的智慧和启示。

总之，历史故事作为传递价值观和道德教育的载体，其教育价值远超过其文学价值。同时，这些故事作为历史的镜鉴，为现代社会提供了关于如何解读过去和指导未来的重要思考，使我们能够在不断变化的世界中找到行动的方向和解决问题的方法。

4. 艺术形式

中国画、书法、京剧等艺术形式不仅展现了高超的艺术技巧，也蕴含着深厚的文化内涵和美学价值。

（1）深化对中华艺术作品的理解与价值

中华艺术作品，如中国画、书法、京剧等，不仅是视觉上的享受，而且它们蕴含的深刻文化意义和哲学思想，通过各种独特的表现技法和主题思想的展示，为现代社会提供了理解和学习中华优秀文化的窗口。

（2）细腻的笔触与独特的表现技法

①中国画：中国画强调"意在笔先"，通过水墨与色彩的运用，反映出自然美的精神实质。艺术家通过点、线、面的组合，以及留白技巧的应用，表达了深邃的山水、花鸟和人物情感，体现了与自然和谐相处的哲学思想。

②书法：书法不仅是书写文字的艺术，更是一种情感和气韵的表达。每一笔一划都蕴含着书法家的气节与心志，反映了儒家中"修身齐家治国平天下"的理念。书法的流畅与挥洒自如，展现了艺术家内心的自由与广阔。

③京剧：京剧以其独特的脸谱、表演与唱腔，深刻表达了戏剧人物的内心世界和社会状态。这种表现形式通过歌唱、念白、身段、武打等元素的综合运用，讲述了一段段历史故事或传奇，体现了道德观念和社会伦理的传统要求。

这些艺术形式的技法不仅是技巧上的展示，而且是文化深度和哲学高度的体现。它们通过艺术家的创作被赋予生命和情感，使观者能够在审美的过程中感受到文化的深厚和哲学的丰富。

（3）文化传承与情操陶冶

中华艺术的多样性和表现力不仅丰富了世界艺术的形式，也使其成为文化传承、情操陶冶和性情陶冶的重要手段。

①文化传承：艺术作品是历代文化传承的载体。例如，传统节日的庆典画、历史题材的书法作品和京剧中的历史剧目，都是文化传统和教育后代的重要形式。通过这些艺术形式，古代的生活、思想和哲学得以在现代社会继续传播和理解。

②情操陶冶：艺术作品通过其美的展现，能够熏陶人的情操，提升个人的道德感和审美能力。艺术欣赏不仅能让人在美的享受中得到心灵的平静，也能通过对艺术主题的反思，促进个人道德和智慧的提升。

③性情陶冶：艺术作品在表现形式和内容上的多样性，为人们提供了广泛的心灵触动和情感体验。

5. 节日习俗

（1）强化家庭与社会归属感的节日活动

这些节日通常包括一系列富有象征意义的活动。这些活动不仅仅是庆祝，而且是一种强化家庭与社区纽带的方式。比如，赏月活动，尤其在中秋节期间，家家户户或亲朋好友聚在一起，仰望同一个月亮，这种共享自然美景的行为象征着团圆和和谐。团圆饭则是家人间共享丰盛美食的时刻，通过这顿饭，传递了家的温暖和团聚的喜悦。

此外，放鞭炮是许多节日中不可或缺的活动，尤其是春节期间。这种活动起源于古老的传说和信仰，目的是驱赶恶灵和不幸，迎来新的一年的好运与希望。这种共同参与的活动不仅加强了社区成员之间的联系，也让每个人都能感受到作为社区一分子的归属感。

（2）文化故事与历史寓意的传承作用

每一个节日习俗背后都蕴藏着丰富的文化故事和历史寓意。这些故事往往通过口头或其他形式传播，成为人们共同的记忆和经验。例如，端午节的赛龙舟不仅是体育活动，而且是纪念古代爱国诗人屈原的方式，寓意着忠诚与牺牲的精神。

此外，中秋节吃月饼的习俗，不仅仅是味觉的享受，而且每一个月饼的形状和馅料都充满了象征意义。比如，月饼的圆形象征完整与团圆，代表了人们对家人团聚的期盼和祝福。

通过这些节日习俗，不仅强化了民族的认同感，还有助于维系社会的文化连续性。这种文化的传承对于维护社会稳定和情感的纽带具有重要意义，使每一代人都能在节日中找到自己的位置，感受到深厚的文化底蕴和历史的延续。

（二）中华传统文化的教育价值

为了更深入地理解传统文化对现代社会的影响，我们可以扩展讨论五个方面问题：道德与伦理指导、思想多样性、历史教育资源、艺术审美教育和社会认同与凝聚力。

1. 道德与伦理指导

传统的道德观念，如诚信、礼仪和孝顺，不仅是历史遗留的教条，而且在现代社会中依然具有深远的影响。这些价值观提供了行为规范，是个人行为和社会交往的基石。例如，诚信不仅体现在商业交易中的信用，也是人际关系中信任的基础。孝顺强调了对家庭的责任感和尊敬长辈的重要性，有助于维护家庭和社会的稳定。通过这些传统道德的实践，可以促进社会和谐并巩固人际关系的稳定。

2. 思想多样性

中国传统哲学中的儒家、道家、佛家思想等，提供了多样的世界观和解决问题的方法。例如，儒家重视仁爱和社会秩序，道家强调自然和顺其自然，佛家倡导内心的平和与自我觉醒。这些哲学流派的多样性不仅丰富了中国文化，也为现代人提供了多种视角来审视和解决生活中的问题，从而促进了思想的多元化和社会的包容性。

3. 历史教育资源

中国丰富的历史故事和人物传记是教育的宝贵资源。从《三国演义》的智谋到唐诗宋词中的文学鉴赏，历史人物和事件不仅增强了学生的阅读兴趣，也通过历史反思教育学生认识到个人的责任和社会的进步。这种教育方式可以帮助学生建立历史意识，理解历史的连续性和变迁，增强对民族和国家历史的自豪感。

4. 艺术审美教育

中国传统艺术如书法、国画、京剧等，具有独特的风格和审美价值，是艺术教育中的重要组成部分。这些艺术形式强调线条的流动性和情感的表达，不仅美化了生活环境，也培养了人们的艺术鉴赏力和创造力。通过学习和欣赏传统艺术，现代人可以更好地理解文化的深层意义，提高个人的审美能力和创新思维。

5. 社会认同与凝聚力

传统节日和习俗的庆祝活动，如春节的除夕夜、中秋的赏月等，不仅是家庭聚会的时刻，也是全民共庆的盛事。这些活动通过共同的文化体验增强了民族的凝聚力和文化认同感。在全球化迅速发展的今天，这种强烈的社会认同感对于维护文化特色、增强民族自信以及促进社会稳定与发展具有重要作用。

中华优秀文化不仅是中华民族的根和魂，其深厚的文化积淀也为现代社会的发展提供了持续的动力和深远的影响。在思政教育中，有效地融入这些文化元素，将极大地丰富教学内容和提高教学质量，帮助学生在全球化的背景下更好地理解自己的文化根源，促进个人的全面发展和社会的整体进步。

二、思政课教学目标与中华文化的结合

（一）传统节日的庆祝

在思政课中引入传统节日的庆祝活动，如春节、中秋节等，不仅仅是让学生体验

节日的乐趣，而且是一个深入了解和传承中华文化的绝佳机会。例如，通过讲述春节的传统习俗——贴春联和放鞭炮——学生学习到这些活动背后的历史和文化意义，如春联的吉祥话语寄托了人们对新一年的希望与祝福，放鞭炮则源于传统的驱邪保平安的信仰。通过这种方式，思政课强化了学生对中华文化的认同感，并鼓励他们在实际生活中也能传承和发扬这些有深厚文化价值的传统习惯。

（二）历史人物的学习

学习历史人物，如孔子、毛泽东等人的思想和行为，可以帮助学生更全面地理解这些人物在中国历史上的地位及其影响。例如，孔子的"仁爱"思想和毛泽东的"实事求是"原则，这些都可以直接应用到现代社会中，对个人的道德修养和社会行为有重要的指导意义。通过探讨历史人物的生平和思想，思政课不仅传达了历史知识，还强化了学生的道德观念和政治理念，使他们能够在现代社会中更好地应用历史教训和道德标准。

（三）经典文献的引用

通过在思政课中引用《论语》《孟子》等儒家经典，教师可以有效地与学生探讨这些文献中的道德观念和哲学思想，并考察它们如何与现代社会的道德要求和发展趋势相契合。例如，《论语》中强调的"礼"与现代社会对礼貌和尊重的要求不谋而合；《孟子》中关于"性本善"的论断为现代教育提供了思考人性和教育的哲学基础。通过这些经典文献的学习，学生不仅能够深化对中国传统文化和道德哲学的理解，也能够将这些古老的智慧应用到现代的生活和决策中。

第二章 中华优秀传统文化概述

第一节 中华优秀传统文化的发展历程

中国传统文化的根源可以追溯到原始社会，其基础在奴隶社会时期开始形成，并在随后的封建社会时期发展为一个多元的文化体系。这一体系中包括各种民族文化、宗教信仰和哲学思想的交融、互动与更新，经历了漫长的演变过程，最终铸就了一种独特的文化，立足于世界文化之林的东方。

在中国文化的发展过程中，各个历史阶段的社会经济和政治背景都在文化成果中留下了深刻的印记，体现出该时期的具体特点和风貌。这些文化成果不仅包括值得继承和发扬的优秀元素，也包括一些应当淘汰的消极内容。

一、远古文化：中国传统文化的开端

中国传统文化起源于远古时代，经历了原始社会和奴隶社会的发展，至封建社会时期达到文化多元化的高峰。这一文化体系中融合了众多民族文化、宗教信仰以及哲学思想，经过长期的互动和刷新，最终形成了独树一帜的东方文化。随着社会变迁，文化成就反映出各个时代的特征和内容，既包含值得传承的积极成分，也有一些应当舍弃的负面因素。

中国古代文化的形成和演变史有多种说法。一般认为，从人类的起源直至夏朝前夕这一漫长的时期奠定了中国文化的基础。在这个过程中，中国的先民们在物质文化、精神文化和社会组织等方面做出创造性贡献，这些都深深植根于中国传统文化之中。

据史学界研究，人类从古猿进化而来。意识到使用和制造工具是区分人与动物的关键标志，也标志着文化的起始。远古时代的工具主要是对自然物质（如木头、骨头和石头）的简单加工。在考古学中，石质工具保存下来的可能性最大，这一时期因此被称为石器时代。根据石器的制作技术，石器时代又细分为旧石器时代和新石器时代。

旧石器时代标志着中国原始文化的早期发展阶段。根据石器的制作精细程度，这一时期又分为早、中、晚期。已发掘的数百个文化遗址展示了不同时间和地区的文化特征及其独特成就。猿人阶段处于旧石器时代的早期，以极低的生产力和群居生活为特征，石器制作粗糙，大多未经复杂加工。北京人时期的石器制作技术已有显著进步，部分石器已能制作出锋利的刃部。此外，火的使用标志着文明的重大进步，结束了原始的生活方式，使熟食成为可能，显著提升了人类的生存能力和生活质量。这些进步促进了更加复杂的社会结构的形成。例如，人类开始形成基于年龄和性别的婚姻和社会组织，这些都是向着复杂社会结构迈进的重要步骤。

大约五万年前，人类进入现代智人阶段。这一时期的人类在体质特征上与现代人基本一致。内蒙古的河套人和北京的山顶洞人是这一时期的代表性群体。这一时期属于旧石器时代晚期，工具制作技术包括刮削、磨光和钻孔，技术进步显著，如弓箭和骨针的发明，显著增强了人类对自然的控制能力。此外，装饰品如打磨和钻孔的兽牙、蚌壳和小石珠等开始出现，显示了生产技术与原始艺术的初步结合。原始宗教信仰亦见端倪，例如，山顶洞人使用红色赤铁矿粉末进行埋葬仪式，可能反映了对灵魂不灭的早期信仰。这一时期，人类社会结构亦发生显著变化，母系氏族社会开始形成，原始的社会管理机构也随之出现。

大约从一万年前开始，中国的先民进入新石器时代。目前已发现约七八千个新石器时代的文化遗址，遍布全国各地，包括仰韶文化、红山文化、大汶口文化、良渚文化、马家窑文化和龙山文化等著名文化体系。新石器时代的人们开始从事农业和畜牧业，逐步取代了旧石器时代的采集和狩猎生活方式。磨制石器和陶器的广泛使用标志着生产力的显著提升，人类社会的发展速度加快，仅用数千年便从原始社会过渡到了文明社会，形成了与旧石器时代漫长历程的鲜明对比。这一变革在世界历史上被誉为"新石器革命"，同时也是"农业革命"，或被称为文明的"第一次浪潮"。

在旧石器时代，人类主要通过采集和捕猎来满足生活所需。随着人口的增长，这种生活方式已无法满足日益增长的需求。约一万年前，古人在长期的采集活动中逐渐掌握了某些植物的生长规律，并开始尝试人工种植，最终发明了农业。北方以种植粟为主，南方则以水稻为主。这一初期农业虽然原始，但标志着人类经济活动中一个重大的转折点——从依赖自然到主动改造自然，确立了生产型经济，为人类社会带来了前所未有的稳定性和资源丰富性，也为家畜饲养和人类定居生活创造了条件。

在新石器时代，石器制作普遍采用磨制和钻孔技术。相较于旧石器时代晚期的石器，这些石器工艺更加精细，表面经过磨光，边缘形成锋利的刃部，多数石器上还加工了孔洞，便于固定柄部和便携使用。此外，这些技术也被广泛应用于制作鱼叉、鱼钩、箭头、锥子、凿子、针、刀、锯等动物骨头和角制成的工具及装饰品。比如，用石头、骨头、玉石制作的环形装饰、珠子等，其工艺精美，体现了原始艺术的萌芽。

陶器的发明标志着新石器时代手工业的一个重要发展，它适应了农业定居生活的需求。中国最早的陶器约诞生于一万年前，其制作技术从最初的贴塑法逐步演变为泥条盘筑法、慢轮和快轮制陶法。陶器的形式多样，包括日用器具，如钵、碗、盆、盘、杯、鼎、鬲、釜、尖底瓶、瓮、罐等，以及陶纺轮和陶网坠等生产工具，显示了当时人们在陶艺制作上的高超技艺和艺术创造力。

此外，纺织业、建筑业和舟车制造业也得到了发展。人们开始使用麻布制作衣服。北方多居住于半地穴式房屋，而南方则建造干栏式木结构建筑。同时，人们制造了原始的车辆和独木舟，用作交通和运输工具。

随着物质文化的快速进步，精神文化也相应兴盛，天文历法和文字符号开始形成，观念文化变得更加丰富和深刻。原始宗教和艺术成为主要的文化表现形式，涵盖了自然崇拜、生殖崇拜、祖先崇拜和图腾崇拜等多种形式。

在制度文化方面，原始社会的婚姻和社会组织结构显现出密切的发展联系。中国古代社会的婚姻制度，与全球其他地区一样，经历了从血缘群婚到对偶婚再到一夫一妻制的演变过程。旧石器时代晚期，女性由于其提供的食物更为稳定而在社会中占据尊崇地位，形成了母系氏族社会。在这一制度下，男子集体前往女方氏族成婚，婚姻关系不固定，子女归属于母方，形成了母系氏族公社。这种母系氏族公社从旧石器时代晚期一直延续到新石器时代，是人类社会组织发展的一个重要阶段。

二、夏商周文化：中国传统文化的形成

约5000年前，随着农业、手工业和畜牧业的兴起，男性在生产中的角色逐渐突出，成为主要的劳动力。相对地，女性主要负责纺织和家务，逐步边缘化并失去了以往的社会地位。同时，婚姻制度从对偶婚过渡到一夫一妻制，确立了父系血缘关系，父系氏族制随之取代了母系氏族制。在父系氏族社会中，人们构建了以家长权威为核心的独立家庭单位，多个这样的氏族公社进一步形成部落，部落联盟随之产生。

随着父系氏族制的确立，新的文化和社会结构开始形成，生产工具的制作技术，如磨制石器变得更加精细和锋利。农业工具的改进以及农业技术的发展带来了粮食产量的提升，畜牧业也随之发展。部分游牧部落开始独立形成，标志着人类社会在劳动分工上的重大发展。手工业技术，尤其是制陶技术的显著提高，促进了手工业与农业

的进一步分化。这是原始社会晚期的第二次劳动分工。

社会经济的发展带来了产品的剩余，私有制初现端倪，社会贫富差异开始显现。这些变化深刻动摇了原始公有制的社会结构，阶级逐渐形成，原始社会开始走向解体。在频繁的战争中，部落首领的权力不断加强，并开始转向世袭王权，中国历史由此进入早期国家阶段。

夏朝自公元前 2070 年由禹之子启创立，至商朝和周朝的更迭，标志着奴隶制国家从起始到鼎盛的历史进程，也是中国传统文化形成的关键时期。文字的产生、青铜器的出现、国家治理体系，如宗法制和分封制的建立，都是这一时期的主要成就。

文字的发展起源于先民对自然界的认知需求，从结绳记事到黄帝时代仓颉创造的象形文字，再到商周时代文字的成熟，这一过程标志着从原始到文明的重要转折。尽管夏朝文字尚未有确切发现，但《夏书》等古籍的引用证明了其文字的存在。甲骨文的发展既是文字进化的证据，也是商代社会文化的重要记录，涵盖了广泛的社会生活领域。

虽然夏朝的文化记录简略，但是商周时代的农业和畜牧业已相当发达，手工业特别是青铜器的制造技术达到了高峰。商代青铜器制造技术精湛，如司母戊鼎的出土表明了当时工艺的高水平。西周时期青铜器的数量和技术上的进步更显著，如陕西临潼出土的利簋记载了武王伐纣的历史，为断代史研究提供了珍贵资料。

商周时期是中国文化的关键发展阶段。在这一时期，许多核心的文化观念和体系得以建立和发展。

商朝起源于东部海岸线，继承了该地区的宗教信仰和巫术传统，使祭祀和巫术成为殷商文化的显著特征。在盘庚带领下，商族于公元前 14 世纪定都于今天的河南省安阳市，即古殷地，此后经历了八代十二王，持续了 270 多年之久。商朝在此期间达到了其文明的顶峰，尤其是在武丁的统治下。然而，由于商朝离开原始社会的时间不长，对自然界和社会现象缺乏科学解释，普遍信仰神灵鬼怪的干预，高度重视占卜。如《礼记·表记》所述"殷人尊神，率民以事神，先鬼而后礼"，反映了其深厚的神权文化特色。

周族最初是西部的一个古老部落，长期为商朝所属。周武王灭商后建立了周王朝，代替了以"天命"为主的商朝。这一更替使周人在反思商朝灭亡的教训时认识到"民心"胜于"天命"，从而对"天命"产生了怀疑，并启动了中国文化史上的一场重大维新。周代的统治者虽继承殷商的天命观念，但不完全依赖于天命。他们在维持天命观的同时，更强调人事的重要性，提出"顺乎天而应乎人"的理念，强调既要"敬天"也要"保民"，通过"德政"来赢得民心。这种"敬德保民"的思想不仅巩固了周初的统治，也深刻影响了后世，推动中国政治逐步摒弃对神秘力量的依赖，建立起以社会伦理为核心的政治教化体系。中国传统文化中的德治主义、民本主义、忧患意识以及"天人合一"的价值观都与周文化紧密相关。

周代的天命神学与商朝的神权观念有所不同，将人文和道德观念融入天命中。《礼记·表记》记载周人"尊礼尚施，事鬼敬神而远之"，体现了文化观念从神本向人本的重大转变。这在中国文化史上是一次显著的进步。

武王伐纣虽然是一个政治事件，但对中国传统文化的塑形具有深远的文化意义。如王国维所述，"中国政治与文化之变革，莫剧于殷周之际"，这段历史看似仅是王朝的兴衰和首都的迁移，实质上是旧制度的废弃与新制度的建立，旧文化的结束与新文化的兴起。

周朝的新制度和新文化主要体现在宗法制度和礼乐制度的确立上。宗法制度基于血缘关系与国家制度的结合，是一种维护贵族世袭统治的社会结构。这种制度从原始社会的父权家长制演变而来，经过夏、商两代的发展，在西周时期达到完善。周公的制礼作乐正是这一体制的关键组成部分。根据宗法规定，周王不仅是全国的最高领袖，也是姬姓宗族的首领。王位由长子继承，其他王子和兄弟则封为诸侯，形成了一个等级清晰的封建体系。功臣和有贡献的贵族通过政治联姻同样纳入宗法体系，维护了一种复杂的政治和社会秩序。

为了巩固这一体系，周公还制定了一套礼乐制度，包括各种社会礼仪和道德行为规范，从重大礼仪到日常生活细节都有严格规定，严禁超越既定的身份等级行事，以此来强化社会层级和秩序。

周朝的宗法制度和礼乐制度深刻影响了中国社会和文化的核心结构，形成了中国传统文化的重要基础。尽管典型的宗法制度只在周代明显存在，其对血缘身份的重视和伦常秩序的强调却对后世中国的社会结构和文化观念产生了持续影响，深入中华民族的集体意识和性格形成中。

三、春秋战国文化：中国传统文化的奠基

从公元前 770 年周平王迁都洛邑至公元前 221 年秦始皇统一六国前，是中国历史上的春秋战国时期。在这一时期，铁器的普及、牛耕的广泛应用和水利工程的兴起极大提升了社会生产力，导致奴隶制下的井田制逐步解体，私有土地的开垦增多，封建生产关系开始替代奴隶制。这一转变期间，社会动荡加剧。"士"阶层兴起和私人学

堂的建立为文化的繁荣提供了条件。诸子百家的思想竞争和交融，成为这一时期文化发展的显著特征，奠定了中国传统文化的基本框架。

在这个时期，随着周王室权力的衰弱，各大诸侯国之间的争霸战争频发，势力较大的国家逐渐吞并小国，形成七雄争霸的局面。在此背景下，各诸侯国纷纷进行变法改革，加速了从奴隶制向封建制的过渡。社会阶层流动性增强，许多原本属于奴隶主贵族底层的"士"逐渐成为社会变革的中心。随着官学的衰退，众多士人开始私下教学，兴办私学，使"士"成为当时知识分子的代名词。各诸侯和贵族争相吸纳这些"士"，以服务于自己的政治和文化建设，礼贤下士成为时代风尚。特别是齐国的稷下学宫成为聚集天下才智的中心，使临淄成为当时的文化学术中心。

春秋战国时期的政治割据和社会动荡使封建文化专制未能完全形成，这为"士"阶层提供了较为自由的活动空间。他们可以四处游说，从政或开宗立派，自由表达对社会和历史的见解，从而形成了众多学派和思想流派，他们被统称为"诸子"。至汉代，司马谈和班固根据思想倾向将这些学派进行分类，形成了包括儒、道、阴阳、法、名、墨等在内的系统划分。这种分类一直被后世学者所采纳，并延续至今。

春秋战国时期的社会巨变激发了广泛的思考与讨论，导致诸子百家的兴起。这些学派在学术和政治思想上展开了激烈的辩论，形成了"百家争鸣"现象。这一思想竞争不仅反映了当时的政治和社会动荡，而且对文化发展起到了积极的促进作用。在这一时期确立的多种学术思想，为中国思想文化的长远发展奠定了基础，尤其是儒家、墨家、道家和法家这四大流派，它们的影响深远，极大地塑造了中国后世的历史和文化景观。

综上所述，春秋战国时期不仅是中国传统文化形成的关键阶段，而且是中国文化史上的一个重要高峰。这一时期孕育的思想体系构建了中国文化的基本框架，为后代提供了丰富的思想资源，持续影响着中国的历史和文化发展。

四、秦汉文化：中国传统文化的定型

在秦汉时期，随着专制主义中央集权体制的建立，社会物质生活得到丰富，多民族的政治和经济联系显著增强。这种政治与经济的整合为文化统一奠定了基础，文化事业随之全面发展，反过来也促进了政权的稳固与社会的进步。尽管秦朝历时甚短，但其建立的制度被汉朝继承并发扬光大。从秦汉开始，中国逐渐转变为一个辽阔的统一多民族国家。这种文化的一体化不仅是历史发展的必然，也成为中国传统文化持续发展的核心驱动力。

公元前 221 年，秦国灭六国后建立了中国历史上第一个中央集权的封建国家。为消除地区差异并巩固政治统一，秦始皇对全国的政治、经济和文化制度进行了统一。

首先是文字的统一。战国时期，由于多国并立，文字形式各异，严重阻碍了政令执行和文化交流。秦始皇指派李斯等人基于秦大篆，创制了结构更为简洁的小篆。随后，程邈发展出更加便于书写和普及的隶书，成为全国统一使用的文字。这种文字的统一简化了字体结构，有力支持了政令推广和文化传播，为多民族国家的统一和文化融合奠定了基础。

其次是度量衡和货币的统一。战国末期，各国货币系统和计量标准的不统一给经济交流带来了难题。秦朝统一后，设立了标准的圆形方孔铜币，方便携带与流通，同时推行统一的金铜货币制度。并且秦始皇还推广了一套统一的度量衡体系，颁布专门诏书，并将其刻在度量衡器具上普及至全国，确立了全国统一的长度、容积、重量标准。这不仅有助于政府税收的规范化，也促进了全国经济的发展和文化的交流。

再次是思想的统一。秦始皇在统一思想方面采取了决定性措施。他将法家思想定为官方思想，并严厉打击那些可能破坏法制统一或损害法制威信的其他思想流派。为了加快法律的普及，秦朝鼓励民众学习法律，规定以官员为教师，并在各地设立名为"三老"的乡官负责教化，以规范民众的行为习惯，推动全国各地文化和心理的统一，从而促进了统一民族文化的形成。这些措施被后世朝代继承，成为中国封建政治的显著特征。

最后是"车同轨、地同域"。秦始皇实施了"车同轨、地同域"的政策。在秦朝的广阔疆域内，他废除了分封制，推行郡县制，迁移富豪以充实边疆，实施了统一的政教系统和上下一致的治国策略。战国时期，为了自保和扩张，各诸侯国在边境建立了大量的军事防御设施。这些设施不仅是军事屏障，也阻碍了区域间的经济和文化交流。秦始皇统一六国后，下令拆除这些障碍，以消除地域间的孤立，铺设了通畅的交通网络。

秦始皇的这些统一措施为中国的文化整合奠定了坚实基础。汉朝在继承秦政之后，废除了一些过于严苛的政策，但广泛地继承并发展了秦的制度。这些制度的持续，加上文化上的统一，特别是在思想统一方面的努力，极大地推动了中国文化共同体的形成，影响深远。

在汉朝初期，由于秦朝留下的许多弊病，社会处于待振兴的状态。当时的统治者采纳黄老思想，特别是其主张的"清静无为"，实施休养生息的政策以稳定民情和促进生产，缓解了社会阶级矛盾。到了文帝和景帝时代，国家出现了"文景之治"的局面。然而，随着汉朝的进一步发展，这种无为的政治手段逐渐显现出问题：诸侯王的力量急剧增强，最终导致"七国之乱"的爆发。同时，地方强人吞并土地，成为乡村的霸主；对外则对匈奴采取过于妥协的政策，匈奴的威胁日渐加剧，增加了边疆和政府的负担。由此，黄老的清静无为思想不再适合当时的社会需求，儒家思想因此得到重视。

自孔子之后，儒家思想在战国时期已有所发展。到了汉武帝时期，董仲舒结合黄老、法家和阴阳家的元素，提出了"大一统"政治理念、"天人感应"的哲学思想和"三纲五常"的道德伦理规范，使封建专制的理论体系更加完善，符合汉武帝强化中央集权的政治需求。汉武帝期间，实施了"罢黜百家，独尊儒术"的政策，建立了太学并设立五经博士职位，专注于儒学经典的教授和研究。从此，儒学逐渐成为封建社会的主流思想，持续影响了中国两千多年的文化和政治。

在两汉时期，尽管儒学成为主流，但文化领域依然呈现出繁荣的局面。汉赋和乐府诗充分展现了汉代文学的光辉，而《史记》《汉书》等史学巨著相继问世。同时，道教的创立和佛教的传入对中国的思想和艺术产生了深刻影响。在科学领域，如天文学的多种理论争鸣，张衡的浑天仪和地动仪等发明展示了科技的进步。医学方面，张仲景总结先秦医学成就，编纂《伤寒杂病论》，为中医的系统化和理论成熟奠定了基础。此外，算学、农学和造纸术等也得到了发展，文化和科技日益繁荣。

综上所述，秦汉时代不仅是中国政治和经济制度的形成期，也是文化和教育体系逐步成熟的重要时期，为中国传统文化的长期发展奠定了坚实的基础。

五、魏晋南北朝文化：中国传统文化多元格局形成

魏晋南北朝是中国历史上的一个动荡时期，战乱频发，王朝更替极为频繁。这一时期打破了自西汉以来儒家独尊的文化格局，思想变得更为自由和活跃。各种不同的民族、地域、文化流派和学派的交流与融合，推动了中国传统文化的多元化发展。

这是中国历史上第二次大规模的民族迁徙和融合的时期。北方的乌桓、匈奴、鲜卑、羯、氐、羌及南方的山越、蛮、俚、僚等民族与汉族的融合，为汉族文化注入了新的活力，带来创新和发展。这一时期，少数民族学习汉文化，基本实现汉化，而他们的畜牧产品、技术和艺术传入中原，改变了汉族的生活方式；胡服、胡乐等元素的流行，为中原文化增添了新鲜元素。农耕与游牧的文化融合，为后来的唐文化的辉煌打下了基础。

随着汉朝的衰落，统一的文化格局解体。魏晋及南北朝时多元的政权共存，长期

的分裂与地理、经济、民族差异形成了多样的文化表现形式，如江南文化、中原文化等，展示了中华文化向边疆的扩展和多元化发展。

思想文化方面，从单一的儒学独尊转向多元发展。自东汉末年起，因社会巨变和内在原因，儒学地位下降，魏晋玄学崛起并成为主流；道教和佛教也得到发展和成熟。这一时期，儒、道、佛及其他诸多思想流派的交锋和融合，使魏晋南北朝成为继春秋战国后又一思想文化活跃期，形成了儒释道三教并立的文化格局。

在文学、历史学、艺术和科技方面，这一时期也是成就显著。诗歌、散文、史学著作作品频频出现，王羲之的书法、顾恺之的绘画等艺术成就，以及敦煌莫高窟等艺术宝库的创造，都标志着这一时期文化的繁荣。科技方面如数学、天文学、医学等领域也有重要进展，为中国科学技术发展做出了贡献。

因此，尽管魏晋南北朝是一个充满战乱的时期，但其文化和科技的发展为后世，尤其是唐朝的全面繁荣奠定了坚实基础。这一时期的文化成就，无疑是中国传统文化历史上的一个重要阶段。

六、隋唐文化：中国传统文化的繁荣

在隋唐时期，中国政治逐渐稳定，封建经济达到了空前的繁荣，尤其是唐代的"贞观之治"与"开元盛世"，标志着中国封建社会的高峰。在这一时期，中国的传统文化也进入一个兴盛阶段。

隋唐的统治者实施了包容广泛的文化政策。在继承魏晋南北朝的华夏文化基础上，这一时期的文化融合了国内多民族文化的精华，如胡乐、胡舞及胡装等胡文化元素在汉地广为流传并极具影响力，同时隋唐成为亚洲的文化交流中心。大量的国外文化元素，包括南亚的佛学与医学、中亚的音乐舞蹈，以及西亚的宗教与艺术等，都被吸收进中国，推动了一个多元并存的文化繁荣时代的形成。

在制度方面，隋唐时期确立了三省六部制。这一体制在后世长期沿用，成为封建社会的政治架构典范。《唐律》更是成为之后封建法典的范本。在军事制度上，募兵制的确立代替了旧有的府兵制，完成了一项重大的军制改革。科举制的推行则为人才的选拔提供了制度化的途径，影响深远。

在哲学领域，柳宗元和刘禹锡提出的朴素唯物主义和辩证思想为中国哲学史增添了重要篇章，韩愈的唯心主义思想及其作品在当时也具有深远的影响。

宗教文化中，隋唐时期的"三教并尊"政策促进了道教、佛教和儒教的共同发展。李唐皇帝将自己视为老子后裔，道教因而得到国家的重视。佛教在此期间也达到了中国化的高峰，形成多个主要宗派。

在文艺方面，这一时期文学作品丰富，唐诗尤其璀璨，成为中华诗歌的黄金时代。古文运动推动了散文的大发展，新兴的小说形式和通俗文学也在城市文化的推动下得到发展。书法和绘画方面，如欧阳询、虞世南等人的作品极大丰富了中国书法；吴道子等画家的作品，推动了绘画艺术的繁荣。音乐与舞蹈融合了国内外的艺术形式，创造了多样化的表演艺术风格。雕塑艺术亦见多彩，敦煌、龙门等石窟艺术全盛，成为中国艺术的重要代表。

在隋唐时期，史学取得了显著的成就。首先，这一时期确立了官方编撰历史的制度，短时间内完成了《晋书》《梁书》《陈书》《北齐书》《北周书》《隋书》《南史》和《北史》等八部纪传体历史著作。这种官修史书的模式被后续朝代继承，确保了历史资料的系统性和完整性。其次，史学领域出现了创新的史学著作，包括史评和典章制度史等类型。刘知几的《史通》和杜佑的《通典》等作品对后世的史学研究产生了深远影响。

科技方面，隋唐时期也表现出明显的进步。天文学家僧一行不仅首次测量了子午线的长度，还观察到了恒星位置的变化，并编纂了当时极为先进的《大衍历》。在医学领域，唐代的医学更是细化成专门的科别，孙思邈等名医的出现，及其编著的《千金方》汇总了以往各代医学知识，对后世医学发展影响深远。雕版印刷技术得到发展，公元868年印制的《金刚经》成为世界上最早的已知雕版印刷品。此外，建筑技术亦达到成熟阶段，长安、洛阳等大都市的规模宏大与规划严谨，对后世国内外城市建设产生了显著影响。

隋唐的开放和包容精神，推动了文化的辉煌。在这一时期，中国不仅吸收和融合了世界各地的优秀文化，对外进行了广泛的文化辐射。日本、朝鲜、越南等邻国纷纷模仿唐朝，建立了各自的政治、经济和法制体系，并学习唐朝的文学、艺术、科技及宗教制度。到了8世纪中叶，这种影响促成了以汉字为媒介、以唐法和学术思想为核心的东亚文化圈的形成，显著推动了这些国家的社会发展和文化进步。

七、宋元文化：中国传统文化的鼎盛

在宋元时期，中国农业和手工业均获得显著提升，南北方的城市迅速崛起，商品经济活跃至前所未有的水平。这一时期不仅见证了封建社会的进一步繁荣，也是中国传统文化的一个高峰，特别是在理学、文学、历史学、艺术及科学技术等领域都有突出成就。邓广铭曾评述，两宋时期所达到的物质与精神文明的高度，在整个中国封建历史中堪称无与伦比。

宋代文化的蓬勃发展，基于南方经济的强劲增长。历史上，中国大致以秦岭-淮河一线分为南北两部分，其中北方主要是黄河流域，南方则以长江流域为主。在秦汉时期，相对于人口稀少、经济较贫瘠的江南地区，北方的经济和文化发展都颇为先进。然而，从东汉末年开始，北方频繁的战乱和游牧民族的侵扰严重削弱了该地区的经济和文化生产。从汉末的军阀割据，到西晋的"五胡之乱"，再到唐末的安史之乱及北宋的靖康之难，每一次大规模的社会动荡都促使大量北方人口南迁，带去了宝贵的劳动力、生产技术和文化资源。

南方的温暖湿润气候和丰富的水系为经济的快速发展提供了良好条件。自中唐时期开始，长江流域逐渐转变为中国的主要粮食生产区及手工业和商业中心。到了宋代，江南地区的兴起可用"苏湖熟，天下足"这一谚语来形容，充分反映了经济重心的南移。随着这一地区的持续发展，中国的文化重心也逐渐南移。宋朝时期南方地区在哲学、历史、文学、艺术和科技各领域都涌现出众多学派和杰出人物，逐步成为中国文化的主导力量。到了宋代，尽管政治中心仍旧位于北方的京畿地区，经济和文化的重心已经明确转移到了南方，特别是东南地区，标志着文化重心南迁的完成。这一时期的文化与科技进步，不仅推动了国内的社会发展，也对周边国家产生了深远的影响。

在北宋成立之后，为了巩固新兴的政权，宋朝政府摒弃了唐末五代以来的重武轻文政策，转而推行了强调文治的政策，即"兴文教、抑武事"。这一政策主张通过文臣来掌握政权，避免对士大夫的杀戮和干预学术自由。宋朝进一步发展并完善了自隋唐以来的科举制度，引入"锁院""糊名""誊录"等制度，以确保考试的公正性，并增设了皇帝亲自主持的殿试，选拔出的官员被称为"天子门生"。这些措施开放了社会各阶层向官僚体系的进入路径，极大地扩展了宋代的治理基础。

在文化政策的推动下，全国范围内普遍建立学校和书院，书院尤为兴盛，成为自由讲学和学术交流的中心，这直接促进了理学等学术思想的发展。理学，又称道学，是在儒学基础上吸纳佛教和道教元素形成的理论体系。理学强调"理"作为宇宙的根本原理，用以替代以人格化的"天意"，宣扬"存天理，灭人欲"的思想，教导人们顺应天理。这一理念受到统治阶级的广泛欢迎并成为官方哲学。从周敦颐到程颢、程颐，再到朱熹，理学逐渐发展并成熟，形成了影响深远的程朱理学。同时，陆九渊的心学也是理学的一个重要分支，在当时同样影响广泛。

在宋代的重文轻武政策下，文人的政治地位显著提升。这一时期的文化成就极为丰富，宋词与唐诗齐名，成为中国文学史上的两大巅峰。代表人物如李煜、晏殊、欧阳修、柳永、苏轼、李清照、陆游和辛弃疾，他们的作品至今仍受到赞誉。宋代的史学也远超前代，产生了丰富的史学著作和新的史学体裁，如断代史、通史等，同时《太平御览》《太平广记》《文苑英华》《册府元龟》被誉为"四大类书"。

此外，宋元时期的书法和绘画也达到新的艺术高度，如苏轼的《黄州寒食帖》和张择端的《清明上河图》等作品极具代表性。同时，随着市民阶层的崛起，市民文化开始兴起并逐渐成为文化主流，尤其是在元代，杂剧的兴盛标志着文学的一个新高峰。这一时期的士大夫文化与日益繁荣的市民文化相互影响，共同推动了中国文化的多元发展。

在宋元时期，中国科技达到了前所未有的高度。这一时期见证了中国古代四大发明中的三项（除了造纸术）的完善与广泛应用，这些创新极大地推动了全球文明的发展。具体而言，指南针在北宋晚期已被广泛应用于航海，极大地推进了全球航海技术的进步。毕昇所创活字印刷技术，在全球印刷历史上产生了革命性影响，显著促进了知识的传播与文化的交流。同时，沈括在科学研究方面的成就使他被誉为中国科学史上的重要人物。宋慈编纂的《洗冤集录》，标志着司法鉴定学的开端，是世界上首部系统的法医学著作。苏颂和韩公廉设计的水运仪象台，是世界上早期的复杂天文钟之一。在元代，郭守敬的《授时历》精确到与现代接近的天文水平，显示出当时天文学的高度发展。宋元时期的建筑、造船、炼钢和纺织技术也均有重大突破，为后世的技术革新奠定了基础。

此外，宋元时期也是一个民族大融合的阶段。辽、夏、金、元等建立的少数民族政权，不仅积极吸收汉文化，推广儒学，还采纳了汉族的政治体制和法规，通过迁都、通婚等措施加速了与汉文化的融合。这种双向融合不仅使游牧文化逐渐汉化，同时汉文化也受到游牧文化的影响，知识分子的文化观念开始从严格的华夷之辨转变为一种更加包容的文化交流态度，这促进了文化的进一步合并与创新。

总体来看，宋元文化不仅在科学技术上取得了卓越的成就，也在文化政策和民族融合方面展示了极大的开放性和前瞻性，使这一时期成为中国古代文明发展的一个高峰，极大地丰富和发展了中国乃至世界的文化遗产。

八、明清文化：中国传统文化的转型

明清时代是中国封建社会的最后阶段。在这一时期，一方面，封建统治阶层的极端腐败和阶级矛盾的尖锐化引发了频繁的农民起义；另一方面，商品经济的持续发展拓宽了社会经济生活的范畴，资本主义开始出现萌芽。这些新兴的社会力量在文化领域引发了重大影响，逐步为中国传统文化向鸦片战争后的近代文化转型奠定了基础。

在明清时期，文化专制主义达到了顶峰。这一时期文化的一个显著特点是在思想文化领域实施高压政策。

从明代初期的朱元璋开始，他强化了对正统文化的推崇与异端思想的打击。明代政府高度推崇程朱理学，将朱熹的《四书》《五经》解释作为官方教材和科举考试的标准，对异端思想进行了前所未有的压制。例如，泰州学派的何心隐因其异端思想被治罪身亡，李贽因其挑战传统孔子观念也被指控并致死。

清代继续沿用并加剧了这种文化专制的做法。清初政府在编纂典籍的名义下销毁了大量旧书并删除异端内容，同时大力推行文字狱以加强思想控制。从顺治到乾隆，文字狱逐渐加剧，特别是在康熙、雍正、乾隆三朝，文字狱以其严酷的刑罚、广泛的株连以及荒谬的罪名在中国历史上达到了前所未有的规模。例如，《明史稿》案中，庄廷鑨死后被挖坟验尸，与该书有关的校对、刻印、买卖书籍的人及当地官员共 70 余人被处死，另有数百人因牵连被发配充军。

在清朝的高压文化政策下，知识分子普遍避免涉及现实政治，反清的意识也逐渐变得模糊不清。由此，许多学者由积极的"经世"思想转向"避世"，深居简出，专注于学术研究，对古代文献进行了大规模的编纂和校订，兴起了考据学，尤其在乾嘉时期达到顶峰，形成了著名的"乾嘉学派"，在历史和文化研究方面做出了重要贡献。

明清两朝是中国传统文化汇总和总结的重要时期。在这段时期，统治者动用大量资源对古典文献进行整理，编纂出多部重要典籍。明代的《永乐大典》和清代的《古今图书集成》均为著名的类书，而《四库全书》则是中国历史上最大的丛书集，《康熙字典》也成为全球最早的大型字典之一。

科技方面，这一时期也见证了显著的成就。李时珍的《本草纲目》在药学和植物分类上达到了当时世界的先进水平。徐光启的《农政全书》是完备的农业著作。宋应星的《天工开物》广泛涵盖了农业和手工业知识。梅文鼎的《中西数学通》几乎包括当时所有数学知识。潘季驯的《河防一览》综合了多代人治河的经验。《徐霞客游记》、方以智的《物理小识》等作品，都体现了晚期封建社会科学的繁荣。

文学方面，章回体小说达到了极致，代表作如《三国演义》《西游记》《水浒传》《红楼梦》均为长篇小说的巅峰，而"三言二拍"与《聊斋志异》则是短篇小说的典范。

在社会动荡的背景下，黄宗羲、顾炎武、王夫之等思想家不仅批判了封建专制，还提出了工商并重和经世致用的观念，推动了个性解放和民主启蒙的思潮。

明末清初时期，西方的文艺复兴与资本主义的兴起。随着海上贸易和西方传教士如利玛窦、艾儒略、汤若望等人的来华，中西文化交流日益增多，这不仅开启了新的文化交流篇章，也为中西文化的互动铺平了道路。

随着西方传教士的来华，他们不仅传播基督教，还介绍了西方的科学和文化知识，使中国的知识界开始接触并逐渐了解西方的科技成就。然而，由于封建制度的限制，这些科学知识并未广泛传播，而是局限于为封建统治服务的技术领域。

明清时期的文化和科技虽有发展，但受到封建思想的严重限制。随着西方的科技进步和文化交流，尤其是19世纪中叶之后的鸦片战争，中国开始更深入地与西方文化接轨，对西学的态度由最初的抗拒转变为逐渐接受和融合，中国传统文化开始向近代文化过渡。

第二节　中华优秀传统文化的主要内容

中国传统文化深厚而庞杂，历经数千年的发展，形成了复杂的思想体系和多样的文化格局。主要流派包括儒家、道家、墨家、法家等哲学思想，以及道教、佛教等宗教信仰。这些文化流派在相互碰撞和融合中，时而并行时而交汇，推动了中国文化的丰富发展。尤其是儒家与道家，它们在多元文化中占据核心地位，构筑了中国精神文明的骨架。自西汉晚期开始，印度佛教传入中国，经过长期的本土化进程，形成了具有明显中国特色的佛教体系，与儒、道并重，共同塑造了中国文化的独特面貌。儒家文化主张人际与社会秩序的和谐，道家强调人与自然的合和一，佛教则探索内心与精神的平和。这三大文化体系，连同其他各家学说，共同铸就了中国传统文化的丰富内涵。

一、儒家文化

儒家文化以儒家思想为核心，狭义上指孔子和孟子的教义，广义上则涵盖了儒家学派的广泛学说。孔子作为儒家的创始人，提出了"仁"与"礼"的核心概念，并强调"内圣外王"的理念，以《易》《诗》《书》《礼》《春秋》五经为教学基础，强调道德教育和个人修养的重要性。从汉武帝时期开始，儒家学说成为官方唯一认可的思想体系，尽管历经变迁，但礼教的核心价值一直被封建文化所维持。

儒家思想源自古代，其核心理念如"天命""仁德""天人合一"均来源于对自然和祖先的崇拜。古代的司徒官职负责王室典礼和文献，他们不仅处理政务，也是礼仪和文化的传播者，被视为早期的儒家学者。

春秋战国时期标志着儒家文化的正式成型，孔子在这一时代创立了儒家学派。这是一个社会结构和政治体制都在剧变的时期，孔子提出了"礼"与"仁"的概念来应对当时的社会状况。"礼"继承了古代的传统，"仁"则是道德修养的高级形态，两者相辅相成，构成了儒家的核心思想。

孔子去逝后，儒家分化为多个流派，子张之儒、子思之儒、颜氏之儒、孟氏之儒、漆雕氏之儒、仲良之儒、孙氏之儒和乐正氏之儒代表了不同的儒家思想方向。其中，颜回代表颜氏之儒，子思代表子思之儒，孟子代表孟氏之儒，荀子则是孙氏之儒的代表。

孟子继承并发展了孔子的教义，政治上提倡仁政，提出"民贵君轻"的观念，并坚信人性本善，认为善是人的固有品质。孟子在封建社会中被尊为"亚圣"，对中国传统文化产生了深远的影响。相比之下，荀子批判并发展了孔子的礼学，提倡礼法并重，与孟子的性善论相对，他的性恶说强调后天教育的重要性，主张人的善行是后天学习的结果。

这些儒家学者及其理论共同构筑了中国传统文化的宏伟脉络，深刻影响了中国历代的道德观念和社会结构。

在汉武帝时代，董仲舒基于儒学，融合了谶纬和阴阳五行，引入百家思想，从而构筑了新的儒学框架。这一新学说以"天人感应"和"君权神授"为核心，主张皇帝的统治行为应顺应天意。董仲舒进一步提议成立太学，使用儒家经典作为教育主纲，并主张以儒学治国，禁绝其他非儒学说。汉武帝接纳了董仲舒的建议，实施"独尊儒术"，使儒学成为官方认可的主导学派，确立了其在中国封建社会中的官方地位。

魏晋时期，出现了以道家哲学解释儒学的玄学，这是儒道文化的一次融合。东汉晚期，随着中央集权崩溃，儒学正统逐渐衰落，学术趋向于形而上的探讨。玄学者们以《易经》《老子》《庄子》为基本文献，进行哲学阐释，何晏、王弼、郭象是其中的佼佼者。玄学的兴起，使儒学摆脱了先前的局限，迎来了儒道互补的新局面，并在东晋以后与佛学结合，形成了儒释道三教交融的新章。

到了唐代，道佛两教兴盛，儒学则显示出累积与沉淀的特征。孔颖达等奉敕编写《五经正义》，重振了儒家经典的地位。韩愈以维护封建理念为目标，强调"道统"思想，推崇孟子，并以儒家理念批驳佛道观点。

宋代的理学，也称道学，是在儒学基础上吸收佛道思想而形成的。这一时期的儒学，特别是宋明理学，提倡内圣外王，强调道德和礼制的重建。周敦颐、程颢、程颐及朱熹等是理学的主要代表。朱熹的程朱理学系统化了理学思想，将其推向高峰。

程朱理学之后，分化为理学派和心学派，后者以陆九渊和王守仁为代表。王守仁提出心即理的观点，形成了与朱熹理学相对立的心学派。这一理论在明代尤为显著，对后世的文化和哲学思想产生了深远影响。

清代儒学标志着中国传统儒学在发展中的一个关键时期。启蒙思想家如顾炎武、黄宗羲、王夫之批评封建专制并总结了宋明理学的弊端，如过度讨论心性而远离实用。他们提倡通过儒学进行社会改革，复兴儒学中的经世致用精神。乾嘉时期的古文经学家通过精密的训诂学和考证学方法，专注于解释儒家经典的字义和理解；今文经学则强调春秋公羊学的深层意义，旨在恢复儒学的实用和救世功能，促进了社会思想的发展。

随着近代西方文明的涌入，中西文化的深度交流和碰撞激发了新的思考。梁漱溟、张君劢、熊十力等学者尝试在现代中国环境下恢复儒家思想的核心地位，重塑儒家价值观，并以此框架整合和吸收西方学问，形成了新的儒学流派。

儒家文化自古贯穿中华文明的演进，其核心理念始终未变，即通过"格物、致知、诚意、正心、修身、齐家、治国、平天下"的八项纲领来实现个人与社会的和谐。这一哲学要求人们理解天与人的关系，从道德伦理的角度规范行为，并把这些原则应用于国家治理和世界平和中，以期达到天人合一的理想状态。

二、道家文化

道家文化代表了中国古代哲学中以"道"为中心的思想体系，其主张顺应自然的天道和人道，是从古代中国思想文化中发展起来的一大流派。在更广泛的含义中，道家不仅包括崇尚黄老思想的学者，而在更狭义的范畴内，特指以老子和庄子为核心的先秦哲学流派。这一流派的理论基础来源于老子关于"道"的深刻论述，认为"道"是宇宙万物的根本原理和本质，主张"道法自然"，强调清静无为和以柔克刚，其理想政治状态是实现"小国寡民"和"无为而治"。

道家文化以老子和庄子的教义为核心，强调人应顺应自然，追求内心的平静与超然。道家哲学在探讨天人关系时提出独特的自然主义思想，其支持者通常具有遁世的倾向，追求精神上的清静和自然状态的回归。道家学说在历史上形成了多个分支，各派在继承和发展"道"的基本概念中各具特色。

学者普遍认为道家的源头可追溯到中国古代隐士的传统，而《汉书·艺文志》则认为其起源于古代的史官。这些人群共同的特点是站在社会政治之外，以一个旁观者的角度深入思考社会和历史的发展规律。在汉代，司马谈在《论六家要旨》中提到，道家哲学能使人的思维专注而广泛，适应自然的变化，简化实务而功效显著。

所谓的"老庄思想"，实质上是老子和庄子思想的合称，两者在哲学基础上有诸多共同之处，但在政治理念、人生观和伦理观上存在显著差异。老子的思想寄希望于通过理解"道"的本质来构建一个理想的政治社会；庄子更为激进，主张彻底的世界观平等和对现实社会的全面否定，提出极具哲理的"齐物论"，强调世间万物的平等和统一。两位哲学家的思想为后世道家哲学的发展奠定了深厚的基础，影响了中国乃至东亚的文化发展轨迹。

杨朱学派由战国时期的杨朱创立，发展了老子关于"重视生命轻视物质"的思想。杨朱主张"为我"原则，提倡自我中心，认为个人的生命和感官享受至关重要，对外界事物采取一种无关紧要的态度。杨朱的学说由子华子和詹何继承，他们强调情欲的节制和养生的重要性。杨朱学派在当时的影响力巨大，与墨家齐名，但受到孟子与韩非子的强烈批评。

列子学派以列御寇为代表。他是战国前期的郑国思想家，时与郑缪公同世。列子学派的理论源于黄帝与老子的教义，强调清静无为的生活方式。传说列子曾向多位道家学者求教，终成大道，能"御风而行"。现存的《列子》文献集合了各种民间故事、寓言和神话。这些文献大多在东晋时被编纂，反映出列子哲学的核心思想。

黄老学派是在战国中期根据老子的道家思想演变而来，融合了法家和名家元素。该学派以黄帝和老子的思想为基础，尤其在齐宣王时期成为主流，以宋妍、尹文、申不害等人为代表。黄老学派的教义结合了道家的无为教条和法家的严格法制，强调通过法律来治国，而反对任何非法律的干扰。这一学派标志着儒家与道家的哲学融合，提出了一种道法结合的新道家理论。

在汉朝初期，统治者从秦朝的衰亡中汲取了教训，重视推崇黄老派的清静无为哲学，实行让百姓休养生息的温和政策。这一时期，黄老学派迅速兴盛，达到了鼎盛状态，成为早期汉朝在政治、经济和文化方面的政策哲学基础和指导思想。黄老学说的核心思想之一是"道生法"，提倡通过法律来明辨是非，主张冷静和谨慎地倾听，用法律作为准绳（《黄帝四经·名理》）。他们认为君主应该采取无为而治的方式，减少苛政，减轻税赋，不干预百姓的生产时间。这些理念导致汉朝初期的政治和社会安定，被称为"文景之治"。汉武帝时期，废除百家，独尊儒术，导致黄老学派开始走向衰退。到了东汉，黄老学派与谶纬迷信结合，演变成追求自然长生之术，并对早期道教的发展产生了影响。

在魏晋时期，玄学成为道家思想发展的高峰，也是关于"有无"讨论的顶峰。玄学研究的是非常深远和抽象的问题，以老庄思想和儒道合一为特色，以辩证"有无"为核心，从本体论的角度深入探讨"有无"的问题及其与自然和理论名教的关系。著名的玄学代表人物包括何晏、王弼和郭象等。他们尊崇《老子》《庄子》《周易》为"三玄"，并视《老子》和《庄子》为玄学的核心。例如，王弼在其《周易注》中用道家的观点解释儒家经典，试图将儒道思想融合。王弼的认为自然是根本，名教是枝末，名教源于自然，是自然的必然表现，两者构成一个整体，不可分割，并且强调"崇本息末"的重要性。

从东汉开始，道家思想逐渐形成了宗教形态，并在魏晋南北朝时期广泛传播。葛洪的《抱朴子》在道家体系中占据重要位置。葛洪也被视为道家的重要人物，对道家学派的发展起到了关键作用。随着时间的推移，虽然道家没有以学术派别的形式出现，但其影响力以隐性的方式深入中国传统文化思想。例如，在南北朝时期，玄学与佛学的融合改变了印度佛教教义在中国的传播方式，促成了具有中国特色的中国佛教的形成。

三、佛教文化

佛教并列世界三大宗教之一，起源于古印度，其创始人是悉达多·乔达摩，被信徒尊称为释迦牟尼。根据历史文献的推测，释迦牟尼生于公元前565年，并于公元前486年逝世，略早于孔子。佛教从释迦牟尼的创立至其过世后一至两个世纪间，经历了分裂，形成了以大众部和上座部为主的多个派别，这一时期被称作原始佛教。

中国佛教虽源自印度，但传入中国后，逐渐融入中国的社会历史特征，受到中国思想和文化的深刻影响和改造，从而在中国广泛传播并发展，形成了具有中国特色的佛教新面貌。在不同的历史阶段，中国佛教展现出独有的特点，成为中国文化的重要组成部分。

中国佛教的发展大致分为翻译吸收阶段和汉化发展阶段，历经两汉、魏晋南北朝、隋唐以及宋元明清四个主要历史时期。第一个时期，汉代，是佛教传入中国的开始。关于确切的传入时间，学术界存在公元67年和公元前2年两种说法。早期佛教主要在长安和洛阳等地传播，以翻译和讲解佛经为主。据记载，汉桓帝时期，佛教被视为与黄老之学相似的学问，被认为是一种成仙的方法，并与道教思想结合发展。这一时期因此被称为"佛道时期"。

第二个时期，魏晋南北朝时期，大量佛经的翻译工作以及佛学"空"论与玄学"无"论的相互融合，标志着佛教哲学初步中国化。这一时期，许多外国和中国僧侣从事佛经的翻译和教义的研究、讲解与宣传。同时，南北朝的帝王对佛教的支持不断，修建寺庙和石窟，雕塑佛像，佛教在民间的传播迅速扩展。魏晋时期，玄学的兴盛与佛教的般若空学观点相得益彰，许多学者利用老庄哲学来解释和宣扬佛教教义。这一时期因此被称为"佛玄时期"。

第三个时期是隋唐时期，这一时期被认为是佛教发展的黄金时代，也是佛教彻底汉化的重要阶段。隋朝的文帝和炀帝均采取支持佛教的政策，修建寺庙，大力翻译佛经。尽管唐朝的帝王宣称自己是道教创始人老子的后代，并对道教持尊重态度，但实际上，唐朝的政策支持道教与佛教的共存，从而使佛教得以继续繁荣，并推动了儒、道、佛三教的合流。这一时期，对佛经文献的翻译和对佛学教义的深入阐述均有显著加强，无论是深度还是广度均超越了前代。佛教吸纳了儒道思想，形成了多个新的中国化佛教宗派，每个宗派都建立了自己的理论和修行体系，并且严格传承。这些都标志着印度佛教的彻底中国化。得益于当时的政治经济繁荣以及对外开放的政策，中国佛教开始向朝鲜、日本等周边国家和地区传播，显示了其强大的文化生命力和广泛的影响力。

在这一时期，主要的佛教宗派包括性宗、相宗、台宗、贤宗、禅宗、净宗、律宗和密宗，合称为"八大宗派"，又说三论宗（又称法性宗）、瑜伽宗（又称法相宗）、天台宗、华严宗（又称贤首宗）、禅宗、净土宗、律宗和密宗。禅宗尤其值得一提。禅宗主张通过直接的心灵体验达到悟性，其根基在于佛陀在灵鹫山拈花微笑的故事，强调"直指人心，见性成佛"的教学方法。南朝的菩提达摩被视为中国禅宗的始祖，传法给慧可，再传给僧璨，至唐代的道信将《楞伽经》的禅法与《般若经》的教义融合，形成了一种自在的禅修生活方式。这一风格被视为中国禅宗的基础。五祖弘忍将这种禅修生活与农耕结合，提倡在日常生活中保持真心，形成了独特的农禅生活方式。弘忍之后，禅宗分化为南宗的慧能和北宗的神秀两派，南宗主张顿悟，北宗主张渐修。中唐以后，南宗成为禅宗的主流，至今仍有广泛的信众。

第四个时期是宋元明清时期。这一时期，佛教在中原地区逐渐衰落，不再有理论上的创新或新宗派的形成，逐渐失去了昔日的繁荣。然而，宋明时期的理学深受佛教，特别是华严宗和禅宗的影响。许多理学家都有过参禅学佛的经历，他们一方面批评佛教中关于伦理和社会政策的教义，另一方面赞赏并吸收佛教的哲学思想和精神修养，从而丰富和深化了理学的内涵。在民间，佛教文化与中国固有的文化和民俗进一步融合，推动了宗教信仰、道德规范和审美趣味的新发展，显示出更深层次的中国化特征，成为中国传统文化不可或缺的组成部分。

第三节　中华优秀传统文化的思政教育价值

中华优秀传统文化是由历代先辈在漫长的生存和实践活动中，通过艰苦奋斗形成的连续不断的文化精神。这种文化精神和生活准则在中国大地上历经数代的洗礼，已潜移默化地影响了中华民族在经济、政治、文化和社会等各个方面的发展，并渗透到炎黄子孙的基因中。中华优秀传统文化不仅塑造了人民的日常生活规则，而且成为推动社会主义现代化强国进程的重要文化源泉。

在当前我国的思想政治教育和理论课程中，强调需要汲取并利用中华文化的精神力量。中华优秀传统文化的传承与发展，不仅是文化自身的需要，也是国家发展的需求。习近平总书记在中央党校建校 80 周年庆祝大会上的讲话中强调了中国传统文化的深远影响，并鼓励当代大学生继承和发扬这些文化，承担起中华民族伟大复兴的使命。

习近平总书记明确提出中华优秀传统文化在培养青年大学生的世界观、人生观和价值观中的重要作用。这些文化价值观是高校思政课教学的核心内容，要求青年一代不仅要学习，还要积极挖掘这些文化中的丰富思想和智慧。通过这种学习，大学生可以在情感和思想上得到提升，更好地形成正确的三观。

因此，中华优秀传统文化不只是思政课的教学内容，还直接关系到学校的育人职责，被视为教学内容的重要组成部分。中华优秀传统文化博大精深、历史悠久，涵盖了从原始社会到封建社会各个时期的文化表现，包括爱国情怀、道德修养以及人格品质的形成，这些都是教育过程中不可或缺的精神资源。将这些文化内容融入思政课程，不仅能够丰富教学素材，而且对于提升教学质量和效果具有重要价值。

一、家国情怀的认同感

中华传统文化深刻地抓住了民族的"根"和"魂"，强调培养对国家和民族的认同感。在这一文化体系中，爱国的价值观是核心，它能够激发民族的生命力、凝聚力和向心力。儒家文化中的"重义轻利"观念，特别强调将国家和民族的利益置于个人利益之上，从而在精神层面上塑造了人们的基本价值取向。

在儒家思想中，"义"指的是国家和民族的整体利益，"利"则关乎个人的私利。崇尚"义"不仅体现了对国家的忠诚，而且强调了社会的公共利益。这种价值观通过教育传播，能够培养出具有健全民族心理素质的人民，塑造愿意为国家和集体牺牲的爱国英雄和仁人志士，使个人在社会中实现自我价值，且这种自我价值得到国家和民族的认同和肯定。

爱国主义教育是我国思想政治教育的重点之一。在思政课教学中，教育者应当着重培养青年学生对国家和民族的认同感。通过引入中华优秀传统文化中的爱国事迹和精神，思政课程不仅能够培养青年学生为国家和民族前途投身的意识，也能够培养他们的责任感和使命感。这种教育能够激励学生自觉承担起实现中华民族伟大复兴的责任，并做出贡献。

在我国社会主义现代化的建设过程中，当代大学生展现出无私奉献的精神和坚强的责任感。这种精神如星火般遍布全国，尤其是在重要的历史时刻表现得淋漓尽致。例如，2021年8月19日，西藏自治区庆祝和平解放70周年，全国政协主席汪洋指出，西藏的发展成就是各界包括广大青年大学生的无私援助的结果。许多大学生毕业后，放弃了舒适的工作环境，怀揣着对国家的忠诚与使命感，毅然选择支援藏区，将高原作为自己的第二故乡。

这些青年不畏高原恶劣的自然条件和稀薄的空气，深入雪域高原，与藏族同胞心灵相通，共同面对生活的挑战，用自己掌握的知识改变着这片土地。无论是在雪地、草原、戈壁滩还是在牧民家中，援藏大学生的足迹和努力如繁星点缀着西藏的山川大地。

由于这些青年的无私奉献和持续努力，西藏在交通、民生、治安、生态等方面都实现了跨越式的发展，极大地提升了人民的幸福感。这些变革的背后，是无数援藏大学生三十年如一日的辛勤付出和牺牲。他们放弃了优越的生活条件，选择远离亲人，不是因为不爱舒适的都市生活，或不想与恋人共探世界的美好，而是因为他们心中有着更为宏大的理想和国家的担当。

这种牺牲和责任感成为传递给青年一代的强烈信号。援藏大学生的精神不仅激励着在校学生，也成为思政课教学的重要内容。思政课教师通过讲述这些青年的家国情怀，强调国家利益高于一切，科学知识和道德情操重于名利，倡导学生们以科学的态度投身于国家的边疆事业建设。通过这些教学，当代大学生被鼓励以更加坚定的信念，投身于为国家、为民族的伟大事业中。

尽管追求理想信念的道路充满了困难和挑战，但中华民族的先辈们以无畏的精神克服重重障碍，为我们树立了向前迈进的典范。《周易》中的"天行健，君子以自强不息"教导我们，要实现目标并完美完成任务，无论面对多少困苦或挑战，都必须坚持不懈，充满信心地砥砺前行。实现中国梦，需要青年大学生忠诚于党和国家的事业，继承并发扬坚持不懈的自强精神，为中华民族的伟大复兴贡献力量。

中华优秀传统文化历史中的名人，如范仲淹表达的"先天下之忧而忧，后天下之乐而乐"，顾炎武的"国家兴亡，匹夫有责"，林则徐的"苟利国家生死以"，都体现了将国家和民族利益置于个人之上的崇高品质。这些智慧的话语要求我们每一个人都应该树立以国家、民族和社会利益为重的家国情怀。

在实际行动中，当国家和民族面临危机时，我们应做出牺牲个人利益甚至生命的选择。将这种爱国精神融入思政课教学，不仅能提升立德教育的效果，而且丰富和发展了教学内容。同时，我们也需要后继者不断探索和思考，善于挖掘和利用这些文化资源，结合国家和社会的实际情况，扬弃旧观念，与时俱进。

利用这些丰富的爱国文化资源，使之成为思政课教学中培养青年大学生爱国情怀的重要精神财富源泉，并作为开展爱国主义教育的真实和有效的历史素材。

二、品德修养的冶炼

自古以来，中华民族被誉为"礼仪之邦"，这一称号源自其深厚的道德和礼仪传统。这些传统在教育中占据核心地位，旨在通过礼仪教育，形成与现代社会及集体组织要求相符的个人行为规范。简而言之，这是关于如何成为一个品德高尚的人的教育。在这方面，以孔子和孟子为核心的传统伦理道德体系，对品德的培养起到了至关重要的作用，具体体现在以下几个方面。

（一）领会"仁"的精神

在中华文化中，"仁"被视为儒家思想的核心。古代智者认为它是所有美德的源泉和所有行为的根本。历代儒学，从孔子到孟子再到程朱，都将"仁"作为个人修养、家庭和谐以及国家治理的基本原则和方向。这一理念在中国文化的演进中占据了显著的地位，其卓越成就与"仁"的精神密不可分。

孔子对"仁"的阐释包括"仁者，己欲立而立人，己欲达而达人"以及"己所不欲，勿施于人"。这些思想突出了"仁"作为一种涵盖慈爱与公正的道德原则，指导人们在日常生活中应多从他人立场出发，积极主动地提供帮助。孔子认为，要将"仁"的理念真正内化并体现在行动上。首先需培养一颗仁爱的心，认识到关爱他人是一种高尚的情操。其次是自爱。生命的珍贵意味着每个人都应爱惜自己，珍视时间，追求有意义的生活，以提升自我。再次是对家人的爱，特别是对父母的孝顺。他们对我们有养育之恩，我们应当以孝顺回报。孔子特别强调将"孝悌"实践于生活中，以此作为解决伦理问题的关键。最后是泛爱众人，将爱由个体扩展到社会。这不仅有助于人际关系的和谐，也是构建稳定社会的基石。

孟子在孔子的基础上进一步发展了"仁"的概念，提出"亲亲而仁民，仁民而爱物"，从而将"仁"的精神从个人扩展到社会和自然，倡导广泛的爱。这一理念的实现需要通过持续的教育和宣传。

在现代思政课程中，将这种以"仁"为核心的传统文化教育融入其中，对于塑造和提升青年学生的道德品质具有深远的正面影响。

（二）树立勤劳节俭的品质

自古以来，中华民族就被誉为"礼仪之邦"，在其丰富的道德教育中，勤劳是一个核心品质。在《说文解字》中，"勤"被解释为"劳也"，显示出勤劳是人民在实际劳动中表现出的态度和行动。勤劳作为一种基本的道德规范，强调人们应热爱劳动，能够忍受困苦，并主动投身各种劳动活动中，通过不断的努力提升个人生活质量。

在中华文化的演进中，勤劳精神被无数故事和名言所颂扬。如"悬梁刺股""凿壁偷光""囊萤映雪"等故事展示了古人的刻苦与努力；而"克勤克俭""民生在勤，勤则不匮""劳谦匪解"等古训，则深刻体现了勤劳对于国家和个人发展的重要性。古人认识到，勤劳不仅是个人品德的提升，而且是立国的基石。

个人要真正培养出勤劳品质，必须持续努力，勇于奉献，自强不息，通过劳动创造物质和精神的财富，为家庭和国家的繁荣做出贡献。中华民族的勤劳传统使得其文化能够源源不断地传承与发展，这种生命力的持续得益于古代中国农耕文化的教导，教育人们通过辛勤的劳作不断为传统农业经济注入活力。

节俭也是中华民族的一大美德，古语"君子以俭德辟难"与"俭，德之共也。侈，恶之大也"强调节俭是美德的体现，奢侈则为恶。这种思想促使人们珍惜每一粒粮食，"谁知盘中餐，粒粒皆辛苦"，并培养出节约养德的生活习惯。

在现代社会，青年大学生应继承并发扬这种勤劳与节俭的精神，在推动社会主义现代化建设中展现出自己的价值，作为表率影响和激励他人。在中国共产党的领导下，国家繁荣昌盛和人民生活水平显著提升。大学生应珍惜这些成就，通过自己的实际行动促进社会的整体进步。在思政课中，教师通过教学传承勤劳与节俭的传统美德，培养出有责任感和道德感的优秀公民，确保这些价值观代代相传，发扬光大。

（三）践行诚信的美德

中华民族享誉"礼仪之邦"，在其五千多年的辉煌历史中积累了丰富的文化遗产。

其中"诚信"尤为突出，成为文化传承的关键要素之一。诚信不仅是社会交往的基础，也是维系人际关系的重要纽带。如古语所言"忠信为礼之本"，显示了古人将诚信视为礼节的核心。另一箴言"至诚而不动者，未之有也；不诚，未有能动者也"，强调了诚信的重要性，只有真诚才能感人心，缺乏诚信则难以赢得他人的信任和尊重。

西汉时期的学者董仲舒将"信"与"仁、义、礼、智"并列为五常，标志着诚信在中华道德体系中的核心地位，对后世的影响深远。诚信的本质是真实和守信，如《论语》所述"言而有信"，要求人们言行一致，实事求是，即"无便是无，有便是有"；承诺必须兑现，确保言行不渝。

诚信历来被视为基本的人文精神和社会行为的指南。在高等教育中，通过思政课程传授和弘扬诚信美德，不仅是培养学生品质的重要内容，也是塑造其良好公民身份的基础。将这种传统美德融入青年学生的日常行为和思维中，对他们的个人发展以及国家和民族的未来都具有至关重要的影响。通过教育，让青年学生的诚信品质成为推动社会进步、保持社会秩序和促进国家繁荣的重要力量。

三、学习古人哲学的智慧

中国古代哲学作为中华文化的核心组成部分，代表了先人们在实际生活中累积的智慧和理论。这些理论不仅是思考的成果，还是智慧的追求，历史上孕育了众多哲学佳句。这些哲学思想在某些方面与思政课程中的马克思主义基本原理相吻合。例如，古语"有天地然后万物生""乾为天，坤为地""民吾同胞，物吾与也"等，都深刻表达了人类社会基于自然界并与之共生的客观规律。

这些教导强调在与自然的互动中，我们应当遵循并尊重自然法则，这对于促进人与环境的和谐及可持续发展至关重要。古代智者也提倡中庸之道，孔子所说的"中庸之为德也，其至矣乎! 民鲜久矣"，激励人们在生活中寻求适度，维护公正，这些原则应当建立在个人的实际能力和社会的广泛认同之上。

另外，古人赞扬水的品质"上善若水，水善利万物而不争"，水以其无私的流淌养育万物，展示了一种生活的艺术和哲学思考，即与世无争，广泛包容。这种思想教导青年学生应如水般包容，无私奉献，致力于塑造一个积极的社会形象，并成为理想、道德、文化和纪律兼备的新时代青年。

将这些古代哲学智慧融入思政课程，不仅可以丰富学生的思想，还能深刻影响他们的价值观和行为方式，进一步促进他们的全面发展。

第三章 思政课与中华优秀传统文化融合的可行性分析

第一节 思政课与中华优秀传统文化融合的基本原则

原则是指在说话或行事时所依循的规范或标准，通常是人们基于长期经验所形成的合理现象。在高校思政课程中融入中华优秀传统文化同样需要遵循一定的原则。这些原则充当了教学活动的指南，为思政课教师在课堂上的实施提供了标准。确保融入中华优秀传统文化的做法与思想政治教育的基本原则相符合是必要的。融入中华优秀传统文化的原则包括：选择性原则（即扬弃性原则）、创新性原则、渗透性原则以及阶段性原则。这些原则指导思政课有效整合传统文化元素，以增强教学的深度和广度。

一、扬弃性原则

（一）正确对待传统与现代

在处理传统与现代之间的关系时，正确的方法是"古为今用"，即取其精华、弃其糟粕。然而，在实际操作中，如何明确界定"精华"与"糟粕"仍然是一个广受争议的问题。因此，在实践"古为今用"的原则时，我们必须进行本质性的考察，避免仅凭表面现象、主观情感或片面的理解随意赞扬某些事物。特别是对于一些已有固定含义的概念或说法，不应随意改变其内涵，以免离开科学性的轨道而标新立异，从而可能带来不良的后果。

在继承与发展中华优秀传统文化的过程中，关键在于进行创造性转化和创新性发展，以此激活传统文化的生命力，并使其能够为思政课教学提供动力。这一过程的核心在于坚持扬弃性原则。简单来说，这意味着我们既不能简单地复古，也不能盲目地排斥外来元素。相反，我们应当采取一种古为今用、洋为中用的态度，通过辩证的取舍，推陈出新，摒弃那些消极的因素，同时继承那些积极的因素。

古代的规矩，不仅是经验之谈，也是实践的要领。尽管这些经验和要领在当时可能极为有效，但不一定完全适用于今天的环境和全球化的背景。因此，我们需要站在当代的实际情境中，对传统文化进行深刻理解和灵活应用。这就是通过扬弃的原则，对中华优秀传统文化进行创造性转化和创新性发展，为新时代的思政课程开辟新天地。

这种方法不仅有助于我们更好地理解并传承中华文化的核心价值，同时也能确保这些传统在新的社会文化环境中发挥其独特的教育和启发作用。通过这种方式，我们能够确保思政课程不仅传授知识，而且能够激发学生的思考和创新，使他们能够在未来的挑战中更好地立足。

（二）区分精华与糟粕

中华优秀传统文化因其博大精深和内容丰富而闻名于世，这一文化遗产涵盖了从古至今的无数智慧和实践。其中，一些文化元素具有悠久的传承价值，如儒家思想中的"天行健，君子以自强不息"和"地势坤，君子以厚德载物"，这些思想强调了个人修养与道德责任。此外，"上善若水"，象征着至高的道德境界；"仁、义、礼、智、信"的五常构成了社会行为的基本准则。中国的爱国主义精神、勤劳勇敢的民族特质，以及书法、绘画、壁画、诗词戏曲等艺术形式，都是中华文化中值得传承的珍贵部分。

此外，中医药的养生之道、传统农业技术如北粟南稻的种植技术，以及精湛的古建筑技术和丰富的工艺品（包括陶器、玉器、金银器和青铜器等），不仅展示了技术的发展，而且承载了深厚的文化价值。

然而，随着时代的发展，一些传统观念已显示出其时代局限性。例如，二十四孝中的某些描述，如陆绩怀橘遗亲、孟宗哭竹生笋、王祥卧冰求鲤以及郭巨埋儿奉母等故事，这些例子在今天看来不仅不合适，甚至违背科学和道德原则。同时，传统社会的三纲五常（君为臣纲、父为子纲、夫为妻纲以及三从四德）在现代社会中也逐渐显得不合时宜。

在将中华传统文化融入思政课程时，必须采取扬弃性原则，即在继承中选择性地吸收有益的元素，剔除那些不适应现代社会发展的部分。这种批判性的继承方式是对传统文化的一种创造性转化和创新性发展。习近平总书记强调，"不忘本来才能开辟未来，善于继承才能更好地创新"，这意味着我们应当在尊重和理解传统的基础上，勇于改革和创新，以适应新时代的要求。

中华优秀传统文化作为中华民族几千年来的文化积淀，不仅是中华民族传承与发展不可或缺的根基，也构成了中华民族精神的核心。在快速变化的现代社会中，如果我们轻易抛弃了这些传统或丢失了我们的文化根基，无异于割断了民族的精神命脉，失去了定义我们民族身份和价值的重要元素。习近平总书记对此有着深刻的认识，他反复强调尊重历史、尊重文化的重要性，并在多个不同的场合中突出了中华优秀传统文化的历史地位和作用，明确指出建设一个健全的中华优秀传统文化传承体系的紧迫性和重要性。

习近平总书记的观点不仅体现了对传统文化价值的肯定，还在国家政策层面推动了对这些文化遗产的保护与传承。他所倡导的文化自信，是基于对中华文化独特价值的认识，以及这些文化元素在当代社会中的无可替代性。正是这种深层次的文化自觉，推动了国家层面对优秀传统文化的弘扬与继承。

随着历史的车轮不断向前推进，我们的时代在不断进步中也见证了无数变革。在这种背景下，国家对传统文化的支持和引导成为推动教育发展的重要力量。特别是在高校思政课程中，教师被期望能够引领这种文化的传承，将中华优秀传统文化的积极价值逐渐融入教学中。通过这种方式，思政课不仅传授知识和信息，而且通过文化的力量增强学生的民族认同感和文化自信。

中华优秀传统文化的精髓，如孝道、忠诚、礼仪、智慧等，是过去数千年中华文明的重要组成部分，也是激励当代中国人的重要力量。这些文化价值在教学中的传承，是对学生进行思想政治教育的重要方式，它们不仅承载着深厚的历史文化内涵，也是塑造现代公民身份的基石。

因此，在融入思政课程中时，必须坚持扬弃性原则，即在继承中华优秀传统文化的同时，批判性地选择适合当代社会的元素，弃去那些不符合现代社会发展需要的糟粕。这种方法不仅尊重了历史，也确保了文化的活力与时代的同步发展，使传统文化在新的历史条件下焕发新生，为新时代中国特色社会主义的发展贡献独特的力量。

二、创新性原则

创新指的是在特定环境中，基于现有知识和资源，通过独特的思维模式提出非传统见解，并为满足理想化的需求或社会需求，改进或创造新的事物、方法、元素或环境，从而产生有益的效果。在哲学层面，创新被视为人的创造性实践，是实践活动的一个本质表现。其核心在于物质世界的无限可能性。在此背景下，创新也涉及将源于农业时代的中华优秀传统文化通过实践改进，以融入现代思政课程中。

文化是生命力旺盛的存在。要使文化永续发展，必须激发全民族的文化创新和创造潜力，推动中华传统文化的创造性转化和创新性发展。这种对中华优秀传统文化的转化和创新是一个复杂的系统工程，要求精准选择合适的文化内容和明确转化及创新的标准，以确保取得有效成果。

中华优秀传统文化诞生于农业社会，其形式和内容与当时的生产力和生产方式紧密相连。进入新时代，尽管人类社会经历了生产力的快速发展和科技的巨大进步，农业和食物的基本需求依然存在，人们的思想观念大体上并未因时代和技术的变迁而发生根本性变化。因此，中华优秀传统文化中的正能量内容，如以爱国主义为核心的民族精神、人本思想以及天人合一的自然观，都超越了时空和地域的限制，具备持久的价值和传承意义。

（一）以顺应时代发展要求进行创新

强调中华优秀传统文化的重要性并不等同于机械地复制古代典籍的内容。事实上，我们面临的挑战是如何将这些古代文献中的教诲与现代社会的特性相融合，确保它们能够满足当前社会的发展需求。这需要我们不仅仅阅读和重述这些文献，而且需要深入挖掘和理解中华文化的核心要义，发掘其背后的哲学和智慧。

在这个过程中，关键是识别和提炼出那些具有普遍价值的思想，这些思想能够在不同时代为人类提供指导和启示。例如，儒家强调的仁爱、道家的自然和谐、法家的社会秩序等思想，虽然源自不同的哲学流派，但每一种都在某种程度上适应了现代社会的某些方面。

将这些传统思想进行创造性转化和应用，意味着我们不能简单地将它们作为装饰性元素或者是单纯的历史遗产来对待。我们应该探索如何将这些传统思想融入现代社会的实际情境中，比如在教育、管理、社会治理等领域找到它们的新用途。这不仅仅是一个文化复兴的过程，而且是一个创新的过程，需要我们对这些文化遗产有深刻的理解和现代诠释。

这种方法要求我们认真地对待传统文化，进行去伪存真的筛选。这不仅涉及对文化遗产的深入理解和挖掘，还需要对这些文化元素的现代意义进行重新评估。我们需要从传统文化中提炼出那些能够启发现代人智慧、满足现代生活需求的元素。

在传承和创新中华优秀传统文化的过程中，把握正确的政治方向至关重要。这意味着所有的文化传承和创新活动都应服务于国家的发展大局，支持社会主义核心价值观的培育和传播。此外，这些活动还应加强意识形态安全，为构建积极健康的社会文化环境提供支持。

通过这样的方法，我们不仅能够保护和传承中华民族的文化遗产，还能确保这些文化资产在新的时代背景下焕发新的活力。这样的文化创新和发展，能够使传统文化在现代社会中发挥更加积极的作用，成为推动社会进步和增强国家文化软实力的重要力量。

(二) 以服务思政课教学进行创新

文化不仅是人们思想观念的理论体现，也反映了人们在日常生活和生产活动中的创造性。因此，要充分激发思政课教师在课堂上主动融入并创新性地发展中华优秀传统文化，这是弘扬和传承这一文化的关键。教师在教学过程中应当深刻理解创造与创新的重要性，把握"古为今用、以古鉴今"的教学理念，以此确保教学内容既承载着丰富的历史文化，又符合现代教育的需求。

在思政课上，教师应采用鉴别的方式对待传统文化的各个方面，区分其精华与糟粕，以确保所传授的内容既真实又具有现实意义。这种方法不仅有助于学生理解传统文化的深层价值，还能促使他们认识到这些文化价值在现代社会的应用。通过这种方式，教师可以在继承中寻求发展，在发展中保持继承，使中华优秀传统文化的精神得以在新时代中续写新篇章。

此外，使中华优秀传统文化的基因与新时代相适应，是思政课立德树人根本任务的重要组成部分。教师应致力于将这些文化价值与现代教育理念相结合，发展出既符合时代需求又能促进学生全面发展的教学策略。例如，可以通过案例研究、角色扮演、辩论等多种教学方法来让学生深入理解和实践这些传统文化中蕴含的道德规范和哲学思想。

最终，通过这些努力，思政课不仅是传授知识的场所，更成为学生思想观念成形和创新能力培养的熔炉。这样的教育不仅有助于学生建立正确的世界观、人生观和价值观，也为他们将来在社会中发挥积极作用奠定了坚实的基础。

三、渗透性原则

(一) 渗透性原则的含义

所谓的渗透性原则，是指在思政课教学中，教师通过创造一个宽松和开放的心理环境，将中华优秀传统文化的元素与课程内容有机地融合与相互贯通。这种融合不仅仅局限于课堂讲授，还应延伸至学校生活和校园环境中的各种活动，如文化节、主题展览、讨论会等，使学生能够在多种情境下接触和学习这些文化精髓。

通过这种全方位的渗透，学生不仅能在思政课上系统学习中华优秀传统文化，还能在日常生活中不断接触和思考，从而增强他们对这些文化的感受力和理解力。此外，将传统文化的学习与表现、创造活动结合起来，可以极大地激发学生的兴趣和创造力，使他们能够更自然地将所学文化内化为自己的思维和行为方式。

最终，这种教学策略的目标是让中华优秀传统文化的教学不仅仅停留在知识传授的层面，而且深入学生的内心，成为他们看待世界和处理问题时的一种自然而然的思维方式。通过这种方式，思政课教学不仅能够培养学生的文化认同感，还能有效地落实立德树人的教育任务，培养出既有文化底蕴又有现代视野的新时代青年。

（二）贯彻渗透性原则的方法

第一，在思政课教学中，教师需要有意识地将中华优秀传统文化与课程内容结合起来。这不仅涉及在课堂讲解中引入相关的历史故事、哲学思想和文化实例，还包括通过讨论、案例分析等方式，让学生能够深入理解这些文化元素与现代社会价值观之间的联系。例如，可以通过分析古代的治国理念、英雄人物的事迹或经典文学作品，来讨论它们在现代社会中的应用和影响，从而让学生在掌握知识的同时，增强文化自信和道德判断力。

第二，除了思政课，其他学科的教师也应当探索和挖掘各自学科中的思政教育元素。无论是自然科学、工程技术、人文社科还是艺术类学科，教师都可以从中发掘与中华优秀传统文化相关的内容，将其融入教学中。这种跨学科的思政教育不仅有助于形成学科间的协同效应，还能帮助学生从多角度、多维度理解和欣赏中华文化的深厚底蕴，促进学生全面发展。

第三，学校应开设专门的中华优秀传统文化课程，系统地对学生进行文化知识的教育。这类课程应包括中华优秀传统文化的基本知识、主要特征、分类、演变历程及其在当代社会的意义和应用。通过这些课程，学生不仅能够获得对中华文化的基础了解，更能深入探讨其在现代社会中如何被重新解读和赋予新的生命力。此外，这些课程还应当包括实践活动，如文化体验、田野调查等，以增强学生的实际操作能力和创新思维。

第四，学校应当定期开设专题讲座，聘请各领域的知名学者和教师来讲解中国的哲学、诗词歌赋、建筑园林、传统音乐及体育等多个方面。这些讲座应深入探讨各文化领域的历史渊源、艺术特点和哲学意义，以及它们在现代社会的应用和传承。通过这种方式，不仅可以增强学生对中华传统文化的认知和欣赏能力，还能深化他们对这些文化遗产背后的哲学和美学原则的理解。此外，专题讲座还可以通过展示传统艺术的现代演绎，激发学生的创新思维和实践能力，促进学生在思想和心灵上得到滋养。

第五，学校应每学期组织至少一次关于中华优秀传统文化的游学教学活动。可以带领学生前往历史文化名城、传统艺术院校、文化遗址等地，让学生亲身体验和感受中华传统文化的独特魅力。例如，访问北京的故宫博物院，体验中国古代皇家文化和艺术的博大精深；前往苏州园林，感受古代园林建筑的精致与和谐；参与中国传统的节日庆典和民俗活动，如春节、中秋节、端午节等，让学生在实践中学习传统节日的历史意义和文化价值。这种身临其境的体验不仅有助于加深学生对传统文化的理解和爱好，也有助于培养他们的国家认同感和文化自信。

第六，学校应以中华优秀传统文化为核心内容，全面改善和升级校园环境。这不仅包括物理空间的布局——从宿舍到教室，从操场到图书馆，从食堂到办公室，甚至从楼道到校园街道，也涉及文化元素的融入，以创造一个浸润着传统文化底蕴的人文和自然环境。这种环境设计不仅仅是视觉上的美化，而且是一种文化的传递和教育的延伸。例如，校园内可以设置中国古代园林风格的休息区，教室内部装饰可以引入书法和传统绘画元素，图书馆可以设立专门的中华文化研究区，展示古籍和文化遗产。食堂可以定期推出传统美食节，让学生在日常饮食中体验到中华饮食文化的魅力。此外，校园的各个办公室和公共区域也可以通过挂画、书法、装饰品等形式，体现中华文化的美学和哲学。这种校园环境的打造，旨在让学生的每一言行、所思所想都能受到中华优秀传统文化的熏陶和影响。这种文化的渗透不是刻意强加，而是通过一种细微而自然的方式，潜移默化地影响学生，使他们在不知不觉中吸收和内化这些文化精髓。随着时间的推移，这种文化的内化将逐步外化为学生的行为习惯和思维方式，从而实现学生品格和行为的提升。通过这样系统而全面的校园文化建设，学校不仅为学生提供了一个学习和生活的舒适环境，而且通过这种特殊的文化环境教育，有效地将中华优秀传统文化的价值观和生活智慧传授给下一代，使其成为学生日常生活的一部分，促进其全面而均衡的发展。

四、阶段性原则

（一）按顺序分阶段做好大中小学融入的衔接工作

《完善中华优秀传统文化教育指导纲要》提倡按照不同学段推进中华优秀传统文

化教育，将中小学教育分为小学低年级、小学高年级、初中、高中四个阶段。中共中央办公厅和国务院办公厅联合发布的《关于实施中华优秀传统文化传承发展工程的意见》明确指出，中华优秀传统文化的传承和发展是国民教育的一项重点任务。文件要求教育应围绕"立德树人"的根本任务，遵循学生的认知和教育教学规律，按照一体化、分学段、有序推进的原则，把中华优秀传统文化融入思想道德教育、文化知识教育、艺术体育教育和社会实践教育各环节，贯穿于启蒙教育、基础教育、职业教育、高等教育、继续教育各领域。

这种教育策略体现了"阶段性原则"，即按照学生的心理发展、认知能力及教学规律，分阶段、有序地推进中华优秀传统文化的教育。如《三字经》中所述，"为学者，必有初。小学终，至四书"，"孝经通，四书熟。如六经，始可读"，反映了中华优秀传统文化学习的逐步深入过程。根据这一原则，教育系统需要确保在小学、中学和大学各阶段之间，以及学校教育、家庭教育与社会教育之间有效衔接中华优秀传统文化教育，并且与革命文化及社会主义先进文化教育相融合。

只有通过在不同阶段、各层面、各领域之间有效地衔接和整合中华优秀传统文化教育，我们才能形成一个全面、多维的教育体系，从而实现培养德才兼备的学生的根本目标。

（二）违反阶段性原则出现的问题

在各学段融入中华传统文化的过程中，如果没有根据学生的心理和道德发展阶段来适当安排教学内容，可能会导致一些复杂和深奥的传统文化内容被引入中小学课程，而一些基础性的、启蒙性的传统文化内容则在大学阶段才被广泛讨论。此外，各教育阶段未能根据传统文化的内容差异采取不同的教学方法，对于知识性较强的内容和体验性较强的内容采用了相似的教学策略，这往往难以达到预期的教育效果。为此，应采取循序渐进、由浅入深的方法来融入知识性内容，而对于体验性的内容则应注重引导和实践参与，以便更有效地实现中华优秀传统文化在不同学段的有效融入，让学生在不同阶段持续受到优秀传统文化的熏陶。

顾明远在 2003 年对学校教育问题的分析中提到，自从教育体制将学习分为大学、中学、小学，并在不同的学校阶段进行以后，教育的衔接问题日益显著。这其中的原因多种多样，包括教育领导体制的差异导致的人为割裂；中小学归基础教育部门管理，而大学由高等教育部门管理，大学往往不涉及中小学的事务；现在又将高中和初中分开管理，增加了隔阂。此外，升学的竞争使人们过分关注应试技巧而忽视学生整体素质的连贯性。尤其是大学与中学之间的教育衔接问题尤为突出。顾明远强调，根据大中小学学生的不同特点，需要建立一个循序渐进、相互衔接和沟通的课程内容体系，以改变大学教育充当中小学教育补课的现状，并解决大学教育内容与中小学教育内容倒置的问题。

（三）不同阶段融入的分析

1. 小学阶段的融入

小学阶段是孩子们接触和学习中华优秀传统文化的起始阶段，教学内容主要围绕蒙学教育展开。蒙学阶段的核心学习资料包括《三字经》《百家姓》《千字文》《弟子规》《常礼居要》《声律启蒙》《朱子家训》《幼学琼林》等。这些经典文献不仅丰富了中国的文化遗产，而且涵盖了礼仪、道德、语言等多方面的基础知识，非常适合小学生的学习和吸收。

在小学的"道德与法治"课程中，可以采用多种教学方法来融入这些传统文化内容。例如，通过诵读法，教师可以引导学生集体朗读这些经典文本，让学生在重复的诵读中渐渐理解和吸收其中的道德和文化精华。故事法可以通过讲述这些经典文献中的故事和典故，帮助学生以更加生动的方式理解古代智慧。行为示范法则通过老师和学生的模拟表演，将古代礼仪和行为规范具体展示给学生，使学生在模仿中学习和内化这些文化行为。

随着学生年级的提高，教学内容可以逐步深入，从简单的蒙学教材向更具思想性和哲理性的内容过渡。中华优秀传统文化中的经典名篇不仅具有深厚的思想性、极强的艺术性，而且具有极强的可读性。这些文本哺育了一代又一代中国人，塑造了中华民族的性格和气质，成为传承中华文化的重要载体。考虑到小学生具有较强的记忆力和快速的学习能力，诵读这些经典作品是他们文化教育的黄金时期。即使在他们还未能完全理解其深层含义时，通过朗读和背诵也能有效地帮助他们接触和初步理解这些文化精髓。

因此，在思政课程中，可以组织全班学生在课堂上集体诵读这些经典作品，不仅可以培养学生对这些经典的亲切感，还可以加强他们对中华优秀传统文化的感情。同时，教师应适时对这些文本中的思政元素进行挖掘，并对学生进行方向性的引导，使传统文化教育与思政教育相得益彰，共同促进学生道德和文化素养的全面发展。

2. 中学阶段的融入

在初中阶段，中华优秀传统文化的教育可以更加深入，通过融入《论语》《孟子》

《唐诗》等经典文献，赋能思政课的教学内容。这一阶段的学生开始形成自己的思考能力和理解能力，因此思政课老师可以在授课中引用这些作品中的经典语句来阐释和证明思政课教材的内容。例如，通过分析《论语》中的"君子和而不同"可以帮助学生理解个体差异与和谐共处的价值；引用《孟子》中的"性善论"，引导学生探讨人性与道德的关系。这样不仅能启发学生深入思考，还能培养他们对经典文献的理解力，增强对中华优秀传统文化的认同感。

到了高中阶段，学生的思考能力和世界观更加成熟，可以通过融入《老子》《庄子》的道家哲学和《史记》《资治通鉴》等历史著作，进一步深化思政教育。例如，通过讨论《老子》中的"道法自然"和《庄子》中的"天地与我并生，而万物与我为一"等思想，教师可以引导学生思考人与自然、人与社会的关系，从而培养学生对经典的理性认识，增强他们对中华优秀传统文化的自信心。

这样分学段融入中华优秀传统文化的策略和目标，在 2021 年发布的《中华优秀传统文化进中小学课程教材指南》以及 2014 年发布的《完善中华优秀传统文化教育指导纲要》中均有详细说明。这些文件强调根据学生不同成长阶段的认知发展和心理特点，有选择地整合传统文化教育内容，确保教育的连续性和系统性，以达到全面提升学生文化素养和思想道德水平的目标。通过这种系统的教育模式，不仅加强了学生对中华文化的了解和尊重，也为他们的全面发展打下坚实的基础。

3. 大学阶段的融入

在大学阶段，中华优秀传统文化融入思政课教育，更加侧重于深入探究和系统学习。内容主要选择"经史子集"等经典选本，旨在培养学生对传统文化经典的深度解读能力和探究能力，同时增强学生对传统文化的责任感和使命感。大学生通过书写、释义、讲解和实践等多种学习方式，深入理解伦理、政治和哲学等方面的知识，掌握"穷理正心，修己治人"的核心学问。

在这一教育过程中，学生被引导去深入理解中华优秀传统文化的精髓，通过批判性和创造性的思维方式来强化自身的文化主体意识和文化创新意识。这不仅有助于提高大学生的自主学习能力和探究能力，也使他们能够深刻认识到中华优秀传统文化不仅是中国特色社会主义的沃土，而且在当代社会中仍具有重要的价值。学生通过学习，能够辩证看待中华优秀传统文化的当代意义，并正确理解中华优秀传统文化与中国化马克思主义、社会主义核心价值观之间的关系。

此外，大学阶段的思政教育致力于引导学生关心国家的未来和命运，激励他们将个人的理想与国家的梦想相结合，增强个人价值与国家发展的联系。通过这种教育，学生会坚定地为实现中华民族伟大复兴的中国梦不懈奋斗。这种教育不仅是知识的传授，而且是责任感和使命感的培养，旨在为国家培养具有深厚文化底蕴和高度责任感的未来领导者和建设者。

通过这种全面而深入的教育方式，大学生在思政课程中的学习不仅限于理论知识的掌握，也包括文化素养的提升和个人品德的磨砺，使他们能够在未来的学术或职业生涯中发挥中华优秀传统文化的积极作用，为社会的进步和国家的发展贡献力量。

第二节　思政课与中华优秀传统文化融合的实践逻辑

中华优秀传统文化在推动中华民族伟大复兴的宏伟目标进程中，始终扮演着独特而重要的角色。面对新时代的挑战，培养素质全面的社会主义建设者和接班人，成为我们传承和发展中华优秀传统文化的现实需求。同时，将这种文化融入高校的思想政治教育中，已经显示出其实践的有效性和可行性。

一、增强文化自信，培育新时代人才，需要中华优秀传统文化为之注入力量

中华优秀传统文化历史悠久，内容丰富且深邃，承载着古代圣贤的思想和智慧。这种文化不只塑造了中华民族的精神面貌，也孕育了革命文化和精神，与社会主义先进文化相结合，共同推动了社会主义的建设和改革。经历近代的重大挑战，中国今日以其显著的国家精神、力量和快速发展取得了历史性成就，并迈入新时代。

历史和现实均强有力地证明了中国特色社会主义的道路、理论、制度和文化的明显优势，其中深深植根于千百年历史的中华优秀传统文化发挥了重要作用。党的十八大以来，以习近平同志为核心的党中央特别强调文化传承与发展的重要性，习近平同志指出中华优秀传统文化是民族的"根"与"魂"，强调如果舍弃传统就相当于切断了民族的精神生命。他还提出，"坚定文化自信"对于国家繁荣、文化安全、民族精神的独立性有着极其重要的影响。

党和国家发布了一系列政策文件，包括《关于培育和践行社会主义核心价值观的意见》《完善中华优秀传统文化教育指导纲要》《关于实施中华优秀传统文化传承发展工程的意见》等，从政策和制度层面确保了中华优秀传统文化在新时代的传承和发展。

教育不仅塑造当前的社会，也决定未来的发展。这句话在当前的历史新阶段尤为

重要，因为国家急需培养一批合格的新一代人才，他们将是推动社会主义事业向前发展的重要力量。特别是在高等教育领域，年轻的大学生被视为实现中华民族伟大复兴"中国梦"的关键群体。因此，党从战略高度重新审视教育体系，强调教育在国家发展中的核心作用，并基于我国的独特历史背景、文化和国情，提出发展具有中国特色社会主义特质的高等教育机构的必要性。

党的教育方针明确提出，必须探索一条符合国家实际的高等教育发展道路。这包括改革现有教育模式，创新教育内容和方法，以及提升教育质量，确保教育体系不仅能够满足经济和社会发展的需要，还能够反映和传承中国的文化独特性。办好具有中国特色的社会主义高等教育机构，不仅是对传统教育模式的挑战，也是对教育内容和教育方法的革新。

在这个框架下，思想政治教育扮演了至关重要的角色。它不仅是一个学科领域，而且是贯穿于教育和教学过程的核心内容，责任重大。思想政治教育的主要任务是引导年轻人的思想成长，传达和树立科学的价值观，促进学生的道德、智力、体育、美育和劳动教育的全面发展。这一策略的核心是"立德树人"，即通过教育培养学生的道德观和价值观，确保他们成为能够贡献于国家和社会的优秀公民。

为了实现这一目标，思想政治工作必须贯穿于教育教学的全过程。这不仅涉及课堂教学，还包括校园文化、社会实践、志愿服务等各个方面，确保学生在不同的活动中都能接受到正确的价值引导。此外，这种教育需要从中华优秀传统文化中汲取智慧，将这些文化精髓融入日常教学中，增强教育的文化力量，使学生能够在继承和发展中华文化的同时，建立起文化自信。

由此可见，将中华优秀传统文化融入思想政治教育完全符合当代的实践和时代需求。通过这一广泛的教育途径，年轻一代可以更深入地了解中华民族的历史和文化，加强文化自信，为发展中国特色社会主义文化贡献独特的力量。总之，继承和发展中华优秀传统文化，将其成果融入思想政治教育，可以引导学生正确理解中国独特的历史传承、文化精神和发展进程，进而深刻把握中国特色社会主义的历史必然性，坚定"四个自信"。这也是促进青年健康成长，应对现代社会中科技进步和文化多元化带来的挑战，如抵御消极文化和历史虚无主义侵蚀的有效方式。这样，青年能够建立正确的世界观、人生观和价值观，坚定理想信念，全面提升自我，成为能够肩负起民族复兴重任的时代新人。

二、相融相通的育人宗旨，为推进中华优秀传统文化融入思政教育奠定实践基础

中华优秀传统文化与思想政治教育在人本价值的追求上具有高度的一致性。传统文化强调"以人为本"和"本固邦宁"的理念，重视个人的自我发展和实现，以及通过教化育人来传承文化，强调培养高尚的人格，如"天下兴亡，匹夫有责"的家国意识，体现了对个人价值的实现的重视。《大学》这一儒家经典明确指出教育的根本目的是"在明明德，在亲民，在止于至善"，追求高尚品格和理想人格。

在现代高等教育体系中，思想政治教育以马克思主义为指导，坚持"立德树人"的教育目标，倡导"以人为本"的教育理念，本质上继承了马克思主义关于人的主体价值和全面自由发展的高尚理念。其核心目的是将人视为发展的中心，通过教育影响人的思想，提升个人能力，解决其问题，最终帮助人回归到其真正的本质。

由此可见，无论是中华优秀传统文化还是高校的思想政治教育，都致力于塑造兼具德性和学识的理想人格，特别是在提升思想素质和道德品质方面扮演着重要角色。因此，整合中华优秀传统文化中的高尚思想和严谨的教育理念，通过教育实践深入学生内心，不仅能强化文化的吸引力，还能激发教师与学生的文化创新能力。这样的教育可以培养出具有深厚文化自觉、文化认同和文化自豪感的新时代青年，形成具有广泛影响力的现代文化，展现独特的民族特色和智慧。

中华优秀传统文化和思想政治教育在价值取向上呈现出连续性。中华文化源远流长，孕育了包括仁爱思想、民本政治理念、诚信品格、正义价值追求、和合特质以及大同社会理想等丰富的价值体系。这些都是经过历史洗礼的中华民族智慧的结晶。历史和实践已经证明，正是这些传统文化的精华在民族危急时刻凝聚了巨大的精神力量，激发出强大的创造性和生命力。此外，通过吸收以爱国主义为核心的民族精神和文化传承，中华儿女在艰苦的革命斗争中培养出了自强不息、舍生取义、坚定信仰、团结奋进的革命精神。这些精神和文化在继承和发展革命文化的基础上，与时俱进，演化为社会主义核心价值观。

这一进程不仅是中华优秀传统文化与当代中国特色社会主义文化、中国精神的创新融合，也充分展示了中华优秀传统文化的思想魅力和时代价值。总体来说，中华优秀传统文化是社会主义核心价值观的思想根源和重要滋养源，而社会主义核心价值观是对这些传统文化的现代传承和创新发展。两者在价值取向上的一脉相承展现了它们之间的高度契合。

同时，社会主义核心价值观构成了当代文化的核心，是民族和国家的精神纽带。在这样的文化背景下，高校的思想政治教育自然着重于这些反映新时代中国精神和文化精华的核心价值观，在培养和实践这些价值观时发挥着关键作用。因此，中华优秀传统文化与思想政治教育的共通价值理念提供了一个完美的结合点，为其深度融入思想政治教育提供了实现路径和具体落脚点。

中华优秀传统文化和思想政治教育共同追求理想社会的目标。在中华传统文化中，理想社会的描述丰富而美好，《礼记·礼运》对此有着经典描绘："大道之行也，天下为公，选贤与能，讲信修睦……是谓大同。"此外，"小康"一词源于《诗经》，描述了一个中等生活水平的社会，其中"民亦劳止，汔可小康"，指的是社会稳定而人人得以安居乐业的状态。

无论是追求"大同"还是维持"小康"，这些都是古代智者对理想社会状态的阐释，反映了普罗大众对美好生活的期望，这一愿景持续影响着中华民族对社会完善的追求。在马克思恩格斯的共产主义社会描述中，我们看到了一个无私有制、无阶级、财产公有、人人平等，大家各尽所能、各取所需的社会理想，这与中华传统文化中的"大同社会"理念有着明显的共通点。

这种对理想社会的共同追求是马克思主义在中国深入人心的原因之一，也是中华优秀传统文化能够顺利融入思想政治教育的重要基础。当前，随着中国特色社会主义进入新时代，党正在引导全国人民迈向社会主义现代化强国的目标，实现中华民族伟大复兴的"中国梦"，这一进程中不可或缺的是建设社会主义文化强国的愿景。这需要马克思主义理论的坚定指导、中华优秀传统文化的精神支持，以及不断推进中国特色社会主义文化的发展和繁荣。因此，将中华优秀传统文化融入思想政治教育，不仅符合时代要求，而且是一项符合现实发展需求的历史责任。

中华优秀传统文化与马克思主义的鲜明实践精神在思想政治教育中得到了充分体现。中华优秀传统文化是一种深植于生活实际、强调道德实践的文化，展示了鲜明的实践性精神，并持续深刻地影响着中华民族的思维模式与价值观念。从19世纪诞生以来，马克思主义的科学理论便源于实践，在革命实践中不断进化，并在全球历史的演进中经过了实践的检验。

正是通过将马克思主义与中国具体实际相融合，中国人民在争取民族独立、建设社会主义新中国的伟大实践中，创造了融合科学性与民族性的马克思主义中国化理论成果，从而形成了具有中国特色的社会主义文化。当前思想政治教育的任务便是将中华优秀传统文化与马克思主义理论有机结合，把这一科学理论和民族智慧应用于创新发展和培养社会主义新人的实践中。

这两种文化的共通实践精神为中华优秀传统文化与思想政治教育的融合提供了坚实的实践基础，使这种融合既是可能的、必要的，也是实际可行的。面对当前高校的育人使命和提高育人效果的紧迫需求，加强优秀传统文化的教育，深化文化根基，并将这些文化智慧纳入思想政治教育的创新发展中显得尤为重要。这样做不仅能推动思想政治教育持续发展，还能减小青年可能产生的历史虚无主义和文化虚无主义的负面影响，还能通过中华优秀传统文化加强理论武装，培养既是坚定的马克思主义者，也是未来中华优秀传统文化的传承者、弘扬者和创新者。这种教育策略将为培育具有坚定的马克思主义信仰的新一代青年打下坚实的基础。

第四章 思政课与中华优秀传统文化融合的实施策略

第一节 提高教师的基本素质

在全球化加速和信息技术迅猛发展的今天，教育环境正在经历前所未有的变化。这些变化不仅影响了教育的内容和方法，也重新定义了教育的目标和功能。新时代的教育需求更加多元化，强调创新思维、批判性思考以及终身学习的能力。教育的目标不再仅仅是知识的传授，更是全面人格的塑造和社会责任感的培养。这些新的需求对教师的素质提出了更高的要求，尤其是在思想政治教育和传承文化价值方面。

一、教师素质的现状与挑战

（一）教师素质定义

教师素质是教育质量的基石，涉及教育的各个方面和层面。这些素质不仅定义了教师的职业能力，还影响着学生的学习效果和成长环境。通常，教师素质的评估包括以下几个关键维度：专业能力、道德情操以及文化素养。

1. 专业能力

专业能力是教师素质的核心，主要指教师在其教学科目上的知识掌握程度，以及能够多有效地将这些知识传授给学生的能力。这不仅包括基本的学科知识，如数学、语言、科学等的深度和广度，还包括教师能够运用这些知识解决问题和进行创新的能力。此外，教学技能的熟练程度也是专业能力的一部分，这包括但不限于课程设计、课堂管理、评估学生表现、使用教育技术工具等方面的技能。

2. 道德情操

道德情操是教师职业生涯中不可或缺的一部分，关系到教师个人的价值观和行为准则。首先是教师的职业伦理，如诚实、公正、尊重学生、保护学生隐私和福祉等。

其次是责任感。优秀的教师应对自己的教学行为和学生的学习成长承担责任。最后是对学生的关爱。教师不仅仅在传授知识,而且在乎学生的个人发展和幸福,能够在学生遇到困难时提供支持和帮助。

3. 文化素养

文化素养涉及教师对本民族文化的理解与传播能力,以及对全球多元文化的接受和融合能力。这一能力尤为重要,因为在全球化迅速发展的今天,学生需要准备进入一个文化多元的世界。教师的文化素养不仅能够帮助学生理解和尊重不同的文化背景,还能促进文化间的对话和交流。此外,教师的文化素养也包括对本国历史、文学、艺术等方面的深入了解和欣赏。他们能够将这些文化元素融入日常教学中,丰富学生的学习内容,提升其文化认同感。

综上所述,教师的专业能力、道德情操和文化素养是相辅相成的,共同构成了一个高素质教师的全面形象。提升这些方面的素质,不仅能够直接提高教育质量,而且能够在更广泛的社会和文化层面上产生积极影响。

(二) 现状分析

当前,我国教师队伍整体上在专业能力和道德情操方面表现出色,展现了教育者应有的责任感和专业素养。然而,我们还需直面存在的一些显著问题。这些问题可能阻碍教育系统整体效能的提升。

1. 地区与层次间的不平衡

首先,教师的专业发展存在明显的地区差异。在一线城市,教师通常能够获得丰富的资源,包括参与各种国内外的高级培训项目的机会,以及接触最新教育理念和技术的途径。这些城市的学校往往与国际接轨,教师能够通过各种研讨会、工作坊以及教育展览不断提升自己的教学方法和内容。相比之下,偏远地区的教师面临资源匮乏的问题。这些地区的教育投入相对较低,教师难以获得先进的教育培训和技术支持,这直接影响了他们的教学质量和学生的学习效果。

此外,教育层次之间的不平衡也十分明显。高等教育机构的教师往往能够接受更系统的职业发展支持,包括科研项目、学术会议和国际合作等,而中小学教师在这些方面显著落后。这种差距导致教育体验的不一致,进而影响了基础教育阶段学生的发展潜力。

2. 对教育质量的要求日益提高

随着全球化的深入发展及国内外教育标准的日益接轨,社会对教育质量的要求不断提高。这要求教师不仅要具备扎实的学科知识，还要了解国际教育动态，具备较高的文化素养和全球视野。当前，一部分教师在这一领域的表现尚未达到期望标准。他们需要进一步提升自己的文化素养，以更好地理解和传播多元文化，并有效地将全球视野融入日常教学中。这不仅是对个人职业能力的提升，也是对我国教育国际竞争力提升的必要条件。

这些问题的存在提示我们必须采取有效措施，促进教师专业发展的均衡性，提升教师的文化素养和全球竞争力。只有这样，我们才能确保教育资源的合理配置，提高全国教育系统的整体效率和质量，最终实现教育公平和提升国民教育水平的目标。

（三）挑战描述

1. 社会与学生需求多样化

随着经济和社会的快速发展，我们见证了家庭和学生对教育需求的显著变化。传统教育模式主要侧重于知识的传递和记忆，已逐渐无法满足当前社会和经济发展的需求。现代家长和学生越来越重视教育的全面性和实用性，特别是在创造力、批判性思维能力及个性化发展的培养方面的需求日益增长。

在全球化和技术快速迭代的背景下，创造力已成为学生未来职业成功的关键能力之一。这不仅需要通过增加艺术和科学实验课程来实现，而且需要通过整个课程和教学活动来鼓励学生的探索精神和创新思维。

个性化教育是现代教育的一个重要趋势，它强调根据每个学生的特点、兴趣和学习速度来调整教学策略。这要求教师能够设计灵活多变的教学计划，同时利用技术工具，如智能教育软件和在线资源，来满足学生的个性化学习需求。

为了应对这些多样化的教育需求，教师必须不断更新自己的教育内容和教学方法。这包括利用新的教育技术，如互动白板、学习管理系统（LMS）以及其他数字和在线学习工具，这些都是提高教学效率和效果的有效手段。同时，教师需要从传统的"教书匠"角色转变为"学习的促进者"和"创新的引导者"，这不仅能够提高教学的互动性和趣味性，还能更好地满足学生的发展需求。

总之，社会与学生需求的多样化推动了教育革新的步伐，要求教师在职业发展中不断求新求变，以适应教育的新挑战。这种转变虽然充满挑战，但为教师的职业发展提供了广阔的舞台和无限的可能性。

2. 教育改革带来的新要求

近年来国家对教育体制进行了一系列改革，旨在更好地适应社会发展和技术进步的需求，提高国民的综合素质。这些改革包括新高考改革、素质教育推广等，均旨在从根本上提高教育质量和效率。这些变革不仅改变了学生的学习路径，也对教师的专业能力和综合素质提出更高的要求。

现代教育更注重课程的综合性和实用性，这就要求教师能够进行有效的课程整合和创新。教师需要具备将不同学科知识相互融合的能力，如将数学与科学、语言艺术与社会学等内容进行整合，以培养学生的综合解决问题的能力。此外，创新教学方法和工具，如项目式学习、翻转课堂等，也已成为教师必须掌握的重要技能，以增强教学的互动性和效果。

随着对学生个体差异和心理健康的重视增加，教师现在更需要关注学生的心理状态和情感发展。这不仅包括日常的情感支持，而且涉及识别学生可能面临的心理问题并提供专业的引导或转介服务。教师的角色从传统的知识传递者转变为学生成长的指导者和支持者。这一角色的转变使教师在帮助学生应对学习压力、人际关系和未来规划等方面发挥着关键作用。

3. 传统教育理念与现代教育理念的冲突

在当前教育界，传统教育理念与现代教育理念的交汇带来了诸多挑战与机遇。这种理念上的融合尤其对教师队伍提出更高的要求，许多教师在实际教学过程中经常感到困惑与不适应。具体而言，传统教育理念强调基础知识的系统性传授，重视教师的权威地位和师道尊严；现代教育理念则倡导以学生为中心，强调批判性思维的培养以及教师角色的根本转变。

传统教育理念的核心在于内容的严谨性和教师的主导地位。在这一理念下，教师是知识的传递者，课堂上往往以讲授为主，学生是被动的接受者。这种模式强调教师的权威，认为教师的经验和知识是不容置疑的，学生的主要任务是记忆和重复教师所教授的知识点。

现代教育理念看重学生的主动性和创造性。它提倡教师成为学生学习的引导者和协助者，而不仅仅是知识的传授者。这种理念强调以学生为中心，认为学生应该是自己学习的主人，教师的角色更多是激发学生的兴趣，帮助他们发展批判性思维能力和解决问题的能力。教育内容不再仅限于教科书，也包括各种现实生活中的问题和案例，教学方法更加多样化，包括讨论、合作学习、项目式学习等。

面对这种理念的转变，教师不仅需要在知识传授上做出调整，而且要在心态和方法上进行深刻的改变。首先，教师需要从根本上接受以学生为中心的教学理念，认识到每个学生都有其独特的学习路径和节奏。这要求教师放下传统的权威师表角色，转而采取更加平等和开放的姿态。

其次，教师需发展新的教学技能，如学会使用多媒体和互联网资源，运用交互式教学平台，以及掌握引导式提问技巧等。这些技能的学习和运用，不仅能有效提升教学效果，也能帮助教师更好地满足学生的需求。

最后，教师还需要加强自我反思和持续学习。通过参与教师发展工作坊、教育研讨会和同行评审等活动，教师可以不断地更新自己的教育观念和教学方法，以适应不断变化的教育环境。

综上所述，教师素质的提升面临多方面的挑战，需要教育行政部门、教育机构及教师个人共同努力，通过制定合理的政策、提供专业的培训以及建立有效的激励机制来共同应对。

二、中华传统文化对高校教师的要求

（一）凝于神

1. 凝于神的含义

中华优秀传统文化高度重视专心致志和全神贯注的重要性。《周易·系辞下》中的"一人行，则得其友。言致一也"阐述了专一的重要性。《老子》中的"载营魄抱一，能无离乎"表达了身心合一、保持专注于道的思想。庄子在此基础上提出了"守一"之说，"我守其一，以处其和"（《庄子·在宥》），意在强调内心的平静和精神的集中是达到阴阳平衡的必要条件。

庄子的思想进一步解释了通过保持精神的宁静和内心的虚静，人可以不被外界干扰，维持一种内外调和的状态。这种专注和集中的状态被称为"凝于神"。要想在任何事情上取得成功，就必须抛开外界的诱惑和干扰，投入所有的注意力，达到心无旁骛和聚精会神的境界。只有全心全意地投入，才能确保最终的成功。

2. 凝于神对教师的要求

首先，专注于思想政治教育的核心在于坚守育人的初心。这种初心是教师职业操守的体现，要求教师始终保持对精神信仰、思想觉悟、价值理念和道德观念的教导。思想政治教育的目标是培养德、智、体、美、劳全面发展的社会主义建设者，致力于把学生培养成符合时代要求的全面发展的新人。教师的初心应是为党育人、为国育才，这一初心不仅引导教育的方向，也是所有教育活动的出发点和落脚点。教师需始终保持这种初心，将其作为职业生涯的指导原则，并在日常的教育实践中不断反思和确认，以确保教育活动不偏离既定目标。实现这一目标的关键在于教师能否深刻理解并坚守这种初心。这不仅要求教师在思想上持续自我净化，也需要在行动上表现出高度的责任感和专注力。每一次互动、每一个眼神、每一句话语都可能对学生的成长产生深远影响。因此，教师需通过不断的自我提升和实践，将育人初心融入每一刻的教育活动中。

其次，专注于思想政治教育意味着高度认同育人职业。习近平总书记在全国教育大会上强调"培养什么人、怎样培养人、为谁培养人"，为办好人民满意的教育和建设教育强国提出了具体要求，明确了发展方向。思想政治教育是社会主义高校教育的生命线，它不仅塑造学生的精神信仰和心灵世界，助力其自由全面地成长发展，也确定了我国高校的社会主义办学方向，并培养适应中国特色社会主义事业需要的时代新人，这直接关系到党的事业、国家前途与民族命运。因此，教师需要从内心深处认同这份事业的重要价值，满怀职业自信和热情，全心投入育人实践中，其专注和投入的状态是对职业认同的自然体现。

再次，专注于思想政治教育，意味着勇于承担育人使命。习近平总书记将教师称为"人类灵魂的工程师，人类文明的传承者"，强调教师在传播知识、思想、真理和塑造灵魂、生命、新人中的重要角色。这不仅体现了教师职责的崇高性，也突显了其面临的挑战。思想政治教育是培养和塑造新时代青年的关键实践，教师需承载"三个传播"和"三个塑造"的任务，展现出无可推卸的责任感。为了有效履行这一使命，教师需成为忠实的马克思主义者，利用党的最新理论成果丰富自己的思想、强化理论素养并提升觉悟。他们应能深入学习、理解并传授理论，将理论转化为实践，确保理论知识不仅被学习而且被内化并用于指导实际行动，从而有效地支持学生的全面成长。

再次，专注于思想政治教育也需深入探究育人规律，这是确保教育成功的基础。规律是事物发展的内在本质联系，揭示了未来趋势。思想政治教育应遵循三大规律：教育规律、成长成才规律、思想政治规律。理解这些规律不是一蹴而就的，需要教师在实践中不断地学习、思考、总结和提升。教师必须深入学习和探索思想政治教育规律，这包括大学生思想境界的提升、政治觉悟的提高、道德品格的完善以及核心价值观的建立。这些都关系到大学生精神世界的全面发展，是一项复杂且艰巨的任务，需要教师进行深入的系统学习和探讨。教师应将掌握的教育规律应用于教育实践中，以增强教育的科学性并减少无目的的尝试。通过科学的实践，可以有效避免教育过程中的盲目性和随意性。教师需要积极总结实践经验，尤其是在新媒体和融媒体时代，更要探索网络思想政治教育的规律，以抓住历史机遇，有效占领和巩固网络教育阵地。通过不断的实践和总结，教师可以更好地把握教育规律，提升教育活动的时效性和科学性。这种对规律的深入理解和应用，是教师保持专注和提升教育质量的关键。

最后，专注于思想政治教育意味着教育主体必须全心投入育人实践。在迈向共产主义的道路上，面对众多挑战，半途而废是无法实现教育目标的。思想政治教育工作者需全身心投入，始终关爱学生，贴近其生活实际，与学生进行深入的面对面交流，探索他们的内心世界，解决他们在成长过程中遇到的理论和实际困难以及心理问题。实现思想政治教育的目标不仅仅是通过举办讲座和会议，或是开展活动。在信息化社会和多元文化背景下，思想政治教育的实践变得更加丰富、多样而复杂。教师需要将马克思主义和中国化的理论成果有效传授给学生，培养他们的社会主义核心价值观，提高教育的针对性和时效性，增强育人的实践性和成效性。

因此，应对这些教育挑战需要教师的专注和敬业精神。只有当教师全神贯注于思政教育，并且深入实际地投入每一个育人环节，才能确保教育过程的影响力和感染力，使育人工作更加深入、扎实、有效。如同古语所言"心心在一职，其职必举"，全心地投入是完成教育使命的关键。

（二）立于方

1. 立于方的含义

在进行思想政治教育时，教师必须始终坚持马克思主义的立场、观点和方法。这意味着在政治方向、立场、觉悟、定力及目标上，教师必须与党中央保持高度一致，并坚决维护党中央的权威和领导。教师应牢固树立共产主义的理想信念，并在推进中国特色社会主义的实践中体现这一信念。

简而言之，"立于方"要求思想政治教育教师不仅要深刻理解并运用马克思主义，还要坚定地维护社会主义的政治方向和中华文化的核心立场。这个"方"代表的是马克思主义对人类历史和社会发展规律的科学阐述，同时也反映了我党结合中国具体社会实际情况对中国发展规律和未来路径的深刻理解。

2. 立于方对思想政治教育教师的要求

坚定共产主义的理想信仰是思想政治教育的核心。作为高校思政教育的工作者，教师不仅要自觉做共产主义的坚定信仰者，还要做中国特色社会主义理想的实践者。共产主义理想信仰是思想政治教育的灵魂，统筹其思想性与政治性，确保教育工作与党的政治方向高度一致。思想政治教育不仅要坚守政治方向，还要深入传授中华优秀传统文化，帮助学生理解为何选择共产主义和社会主义道路。教师应在育人实践中"立于方"，展现高度的政治觉悟和深厚的政治情感。这不仅是对思政课教师的要求，也是对所有从事思想政治教育者的共同要求。通过这种教育，可以帮助学生树立坚定的共产主义信仰，确立中国特色社会主义的信念，用正确的信仰和理念凝聚起新时代青年的思想共识，确保教育内容与共产主义理想信仰保持同向同行，与中国共产党的理想保持一致。

坚持中国共产党的领导是思想政治教育的根本要求。中国共产党的历史实践证明，党的领导是国家强盛和民族复兴的关键。在推进强国建设和民族复兴的过程中，党的领导地位是不可动摇的，这是中国特色社会主义制度的最大优势。在新时代的征程中，坚持党的领导是解决人民群众问题、实现美好生活愿景的核心力量。建设社会主义教育强国亦需坚定不移地维护党的领导。思想政治教育教师应增强"四个意识"，坚定"四个自信"，忠诚于党，将马克思主义中国化最新理论成果运用于思想、觉悟和理论武装。思想政治教育的实践应肩负政治责任，坚决践行"两个维护"，确保行动与党中央高度一致，全心全意为国育才、为党育人。教师需在政治立场、方向、原则和道路上与党中央保持一致，练就政治慧眼，自觉成为政治上的明白人。通过将大学生的成才和成长需求作为教育的核心，以学生的思想获得感和精神满足感来评价教育成效，真正实现思想政治教育的目标。

坚守中华文化立场是思想政治教育的根本，体现了中国特色社会主义的文化精髓。中华优秀传统文化不仅塑造了民族身份，还为中国特色社会主义提供了独特的文化优势和思想支撑。这种文化传承是中国特色社会主义称为"特色"的核心所在，它深植于中华大地，滋养了国家的发展与创新。中华文化的绵延不息，特别是在中国共产党的领导下，社会主义中国的文化基因得到了新的生命力和时代精神的弘扬。改革开放的核心精神"革故鼎新"与"与时偕行"，以及以爱国主义为核心的"天下兴亡，匹夫有责"，均继承和发展了中华优秀传统文化。

坚持社会主义核心价值观是思想政治教育的价值基础，它不仅与中华优秀传统文化深刻相连，而且是这些文化在中国特色社会主义实践中的创新性转化。社会主义核心价值观继承并发扬了中华文化中的仁爱、民本、诚信、正义、和合、大同及礼乐等思想，这些传统价值观成为其文化基因和资源。社会主义核心价值观的内容体现了中国特色社会主义的文化和价值维度，其实践不仅巩固了社会主义的文化发展方向，也为大学生的价值观建设提供了坚实基础。教师在育人过程中必须深刻理解并积极传播这一价值体系，确保大学生能够在正确的价值导向下开启和确立其人生观。

（三）据于德

君子的修养始于"志于道"，即内心深处对"道"的坚定追求。这种追求不仅塑造了坚定的个人品德，而且使个体能更深刻地理解和体认"道"的真谛，从而实现坚守原则和不断自我完善的双重成就。这便体现了"据于德"的重要性。中华优秀传统文化中，德性修养和社会道德的教化力量被极为重视。儒家文化尤其强调"以德服人"，如《孟子·尽心上》所言"善政不如善教之得民也"，表明在任何行为和职业中，德性都是立身和行事的根本。教育过程中的"善教"，旨在通过德性的培养发挥其对人的教化和社会整合作用。

在思想政治教育中，"据于德"意味着教师必须深入理解并实践中华优秀传统文化的德性精神，严格修身养性。自古以来，"壹是皆以修身为本"凸显了无论社会地位高低，个体均应将道德修养视为人生的首要任务，这是确立人的根本。教师通过提高个人的道德修养，以德立身，建立正确的价值观，为思想政治教育打下坚实的德性基础，这对深入交流和提高教育实效至关重要。在当今社会，思想政治教育者需更加注重道德修养和德性培育。借助中华民族五千多年的文化积淀，思想政治教育者应持续修身蓄德。这是一个持续且终生的过程。通过严格的自我修养，教师不仅能确立教育实践中的道德立场，也能在与学生的互动中展现德性的力量，增强教育的影响力和效果。只有坚持"严以修身"，才能真正体现教师的职业自信和道德自觉，有效地承担起育人的重任。

在思想政治教育中，修持正心是核心任务。这要求教师坚持自己的职业本心和育人初心，包括敬畏、感恩以及赤诚的心态。明代思想家薛瑄曾言："心如水之源，源清则流清，心正则事正。"这表明只有心存正直，才能行事正直，并有效传达教育的真谛。教师应始终保持初心，这意味着把学生的成长和发展放在首位，深入了解他们的心理和需求，成为他们的人生导师和知心朋友。此外，教师需要具备敬畏之心，这是对自己职业的尊重，对学生发展的关注，以及对教育场所的敬畏。只有通过严于律己，教师才能真正以德立身，实现育人目标。同时，感恩之心也是必不可少的，它不仅体现在对他人帮助的感激上，也反映在对历史和先辈的尊重上。教师应感恩于改革开放和先烈的牺牲，为我们今天的工作和生活提供了条件。因此，思想政治教育工作者应持有谨慎和珍惜的态度，努力为国家培养全面发展的优秀人才，确保民族复兴的历史任务能顺利传递给下一代。通过这样的教育实践，教师不仅展现了个人的德性，也确保了教育的高质量和深远影响。

修持正心的核心是培养一颗赤诚之心。心态正直才能行为稳健；心怀诚恳则能保持行动坚定。思想政治教育工作者应维持自律的警觉心态，同时怀有热爱学生、热爱祖国、忠诚于组织的真诚情感。教师应以中华优秀传统文化的核心理念和人文智慧为道德修养之本，并深入学习马克思主义及其中国化成果，特别是习近平新时代中国特色社会主义思想，以此武装思想、指导教育实践。

教师需不断提高道德、人文和理论素养，增强政治敏锐性，积极传承中华优秀传统文化，实践社会主义核心价值观，确立学生的思想道德标准和政治方向。在处理政治性、立场性问题时，教师必须保持思想清晰、立场坚定，与党的路线方针政策高度一致。通过这种方法，教师展示对党的忠诚，增强"四个意识"，坚决执行"两个维护"，有效地将中华优秀传统文化的精髓融入思想政治教育中，从而培养出德、智、体、美、劳全面发展的社会主义建设者。

（四）依于仁

"依"表示遵循和遵守，表明某些行为或原则是必须恪守的；而"仁"代表无私的广泛爱，是内心的伟大德性。故"依于仁"强调在社会实践中，应以仁爱为核心德性和行为准则，让这种充满人文关怀的情感体现在日常生活和互动中。

在思想政治教育中，教师必须真诚地关爱学生，用真挚的感情投入教育活动中。这种基于仁爱的情感不仅会深化师生关系，还会直接提升教育的质量和效果。教师不仅需传授知识，还应通过德性修养和仁爱之心影响和感化学生，帮助他们成长，解决问题，从而建立深厚的师生情感。这是提高思想政治教育实效的关键方法。

此外，教师应实现对学生的"厚爱"与"严管"的有机统一。爱护学生并不意味着放松原则或无限纵容，而应在政治原则、思想觉悟和道德品格上设立明确的育人标准，以此抵御不良风气的侵蚀。教育工作中的"厚爱"应体现为对学生的尊重与关怀，而"严管"则应通过思想引导和行为规范来严格要求，促使学生健康发展。因此，严格的管理本质上是一种深刻的关爱。通过将严管与厚爱结合，思想政治教育可以更有效地培养德、智、体、美、劳全面发展的学生。

在思想政治教育中，教师必须重视学生的情感体验和反馈。教育不仅是思想的传递，也是情感的交流，其中仁爱的情感纽带对教育关系的建立至关重要。要让思想与情感共同进入学生的内心世界，教师应持续关注并引导学生的情感反应，以增强教育的互动性和学生的主动参与度。

仁爱情感在思想政治教育中起到缓和、黏合、稳定和促进作用，有助于提高教育的质量和效果。这种情感力量能唤醒学生内心的仁爱情感和道德涵养，进而深化他们对教育内容的认同和内化。良好的师生情感关系，不仅使学生"亲其师"，也让他们"信其道"，从而显著提升教育的感染力和亲和力。

因此，思想政治教育工作者应用心用情地教学，利用仁爱情感搭建起教育主体与客体间的思想沟通桥梁，确保教育活动的双向交流和情感融洽，最终达到高效育人目标。

三、提高教师素质的具体策略

（一）综合培训计划

为了全面提升教师的素质，必须设计并实施一个包含思想政治教育和传统文化学习的综合培训计划。该计划应结合当前教育的实际需求，以提高教师的理论水平和实践能力为目标，具体包括以下方面。

1. 思想政治教育培训

为了提升教师的国家观念和社会责任感，学校应定期组织思想政治教育培训。这包括专题讲座、研讨会和工作坊，旨在加深教师对社会主义核心价值观的理解和传播能力。通过这些活动，教师可以更准确地把握社会主义教育的方向，有效地向学生传达正确的价值观和国家理念。此外，这类培训还应包括对国内外政治经济形势的分析讲解，增强教师在教学中应用时事政治的能力，使学生能够在全球化的背景下更好地理解国家的发展动态。

2. 传统文化学习

为了加强教师的文化自信和文化传承能力，学校需要系统地安排中华优秀传统文化的学习课程。这包括但不限于儒家的教育理念、道家的自然哲学以及其他重要思想。通过深入学习这些文化精髓，教师不仅能够在教学中融入更多文化元素，也能在促进学生全面发展的同时，传承中华优秀传统文化。实施这一计划可以包括文化研学旅行、专家讲座及互动式文化工作坊等多种形式。

3. 教学方法与技能提升

随着教育改革的深入和新课程标准的实施，教师的教学方法和技能需要不断更新。学校应提供定期的培训，介绍和实践项目化学习、合作学习和其他现代教学策略。这些方法不仅能促进学生知识的深层理解，还能激发其创新能力和批判性思维能力。培训内容可以包括教学技巧的实际演练、课堂管理技巧以及如何利用技术工具增强教学效果等。

通过这三大方面的培训，教师将更全面地提升自身专业能力和综合素质，从而更有效地支持和促进学生的全面发展。这不仅有助于提高教育质量，也能够响应时代对教育提出的新要求和新挑战。

（二）持续职业发展

持续职业发展对于提升教师素质至关重要，它涵盖多个维度，旨在不断提升教师的专业能力和教学质量。

1. 提供专业进修的机会

教师的专业发展不应停留在基础教育阶段，而应通过持续的学习和进修来更新和扩展其教育理念和专业知识。学校和教育机构可以提供各种形式的高级研修班，包括短期课程、在线学习模块以及定期的专业研讨会。此外，鼓励教师参与海外访学项目和国内外的学术会议不仅可以增强他们的专业知识，还能拓展他们的国际视野，使他们了解全球教育趋势，并与国际同行进行知识和经验的交流。

2. 鼓励教师参与文化和教育交流活动

通过参与国内外的教育交流活动，教师能够直接接触到不同教育体系和文化背景下的教学方法和教育理念。这不仅有助于教师在教学中实施更广泛的教学策略，也能促使他们从不同的教育模式中汲取灵感，进而丰富和优化自己的教学内容和方法。例如，参与国际教育项目或教师交流计划，如富布赖特教师交流项目或国际学校的合作项目，可以极大地增强教师的跨文化交际能力和教学多样性。

通过这些持续职业发展机会，教师不仅能保持与教育前沿的同步，提高自己的教学技能和专业知识，还能在全球化的教育环境中保持竞争力，最终提升学生的学习体验和教育成果。这种综合的职业发展策略确保教师能够适应教育行业的快速变化，以及未来教育的新要求。

（三）评价与激励机制

1. 建立公正的教师评价体系

为了公正地评估教师的表现和贡献，必须建立一个综合多个评价维度的教师评价体系。这个体系应该包括以下几个关键方面。

（1）教学效果评估。通过学生的成绩提升、课堂参与度以及学生学习满意度调查来评估教师的教学效果。

（2）学生反馈。定期收集学生对教师的直接反馈，包括教学方法、课程内容的适宜性以及教师与学生互动的质量。

（3）同行评审。让教师之间相互评价，包括课堂观摩和教学方法的交流，以此来评估教师的专业性和教学技能。

（4）个人发展。评价教师的个人成长如何促进其专业技能的提升，例如参加研修班、学术会议和其他教育活动。

这些评价结果应该被用于多个重要的决策过程中，如教师的职称评审、奖励发放以及职业发展路径的规划。通过这样的体系，可以确保评价的全面性和公正性，同时为教师提供清晰的成长和发展道路。

2. 制定有效的激励措施

基于上述的教师评价体系，可以进一步制定有效的激励措施来奖励表现优异的教师。激励措施应包括以下几个方面。

（1）经济奖励。为表现突出的教师提供奖金或其他形式的经济激励，以此来认可他们的努力和成果。

（2）职务晋升。根据教师的评价结果，提供职务晋升的机会，如从普通教师升为高级教师或教学督导。

（3）研学机会。提供更多的专业发展和学习机会，例如赞助教师参加国内外的教育会议、研讨会或提供进修学位的机会。

这些激励措施应设计得既公平又透明，确保能够激发教师的工作热情和职业成就感。通过明确和实质性的激励，教师将更有动力提升自己的教学质量和专业能力。

通过实施这些措施，可以有效地提高教师的专业水平和职业满意度，进而推动教育质量的整体提升。这不仅有利于教师个人职业生涯的发展，也有助于学校教育水平的整体提升，最终实现教育公平和教育现代化的目标。

第二节　考虑学生的学习特点

在当今多元化和快速变化的教育环境中，传统文化的教育价值重新获得了人们的广泛关注。尤其是在思想政治教育领域，传统文化不仅是传达历史知识和文化遗产的载体，而且是塑造学生个人品质和社会责任感的重要工具。将传统文化融入思想政治教育，能够帮助学生在接受现代教育的同时，深入了解和尊重自己的文化根基，增强文化自信和民族归属感。

一、学生学习特点

在将传统文化与思想政治教育有效融合的过程中，理解学生的学习特点是至关重要的。这不仅有助于教育者设计更符合学生需求的教学内容，也能提高教学的实效性。学生的学习特点主要可以从年龄特征、学习风格和文化背景三个方面进行详细探讨。

（一）年龄特征

不同年龄段的学生在认知和情感上有明显的差异，这直接影响了他们的学习方式和教育需求。例如，小学生通常好奇心强，喜欢通过游戏和故事来学习，他们的情感同理心正在发展中，对道德故事特别敏感。这个年龄段的学生更容易通过视觉和听觉刺激来吸收知识，因此使用色彩丰富的图片、有趣的动画和寓教于乐的故事可以大大增强他们的学习兴趣和效果。在传授传统文化时，可以通过讲述历史故事或传说、模拟传统节日庆祝活动等方式，让学生在游戏和互动中自然地学习和接受传统文化。

中学生开始形成复杂的思考能力，他们更加关注社会问题和个人身份的探索，能够处理更为复杂的概念。在这个阶段，学生开始对自我认识有更深的探求，对社会现象和历史背景提出质疑。因此，教育者可以引入更多讨论和辩论的环节，让学生通过批判性思维来分析和理解传统文化中的深层意义。例如，可以通过历史事件的案例分析，让学生讨论各种文化背景下的人物行为和社会影响，从而深入理解传统文化如何在不同历史时期发挥作用。

高中生和大学生逐渐形成成熟的思考框架，他们能够批判性地分析信息，探讨更深层次的文化和哲学问题。这个年龄段的学生具有较高的抽象思维能力和独立思考的能力，适合进行更深入的文化研究和哲学讨论。教育者可以利用这一点，引导学生阅读经典文化文献、参与研究讨论和学术报告，以及探索文化现象背后的哲学和社会学理论。这种教学方式不仅可以提高学生的学术研究能力，还能让他们从多角度、多层面理解和批判本国及世界各地的文化传统。

因此，在引入传统文化素材时，教育者需要根据学生的年龄特征来调整教学策略和内容的深度。通过这种有针对性的教学设计，可以确保每个年龄段的学生都能在适合自己的认知水平和情感需求的基础上，有效地学习和领会传统文化的精髓和价值。

（二）学习风格

学生的学习风格差异对教学方法的选择同样具有重要影响。一般而言，学习风格可以分为视觉型、听觉型和动手操作型。视觉型学生更喜欢通过图像、视频和图表来获取信息；听觉型学生偏好通过讲解和讨论来学习；动手操作型学生更倾向于通过实际操作和实验来掌握知识。在传统文化和思想政治教育中，教师可以设计包含丰富视觉元素的历史故事，利用讨论和辩论来吸引听觉型学生，以及通过模拟传统文化活动或制作相关工艺品来满足动手操作型学生的学习需求。

对于视觉型学生，教育者可以利用多媒体技术来展示丰富的视觉内容，如动画重现历史事件、图像展示传统服饰和艺术品以及使用图表来解释文化发展的时间线。这种方法不仅可以增强学生的视觉记忆，还可以帮助他们更好地理解和吸收复杂的文化和历史概念。

对于听觉型学生，课堂上的讲解和讨论是非常重要的。教育者可以通过讲述引人入胜的历史故事或者组织课堂辩论来激发学生的兴趣和参与度。此外，可以引入传统音乐和诗歌朗诵，让学生在听觉上也能体验到文化的魅力和深度，从而更深层次地理解文化的内涵。

动手操作型学生则需要更多的实践机会来学习。在教授传统文化时，可以让这些学生参与制作传统工艺品，如剪纸、书法或绘画，或者安排他们参加传统节日的模拟活动，如包饺子、制作灯笼等。这些活动不仅让学生亲手体验传统文化，还能加深他们对传统文化的理解和尊重。

通过这种多样化的教学策略，可以确保每种学习风格的学生都能在最适合他们的方式中学习和欣赏传统文化，接受思想政治教育。这种教学方法的多元化不仅能提高学生的学习效率，还能促进他们对文化多样性的理解和尊重。

（三）文化背景

学生的家庭和地区文化背景对他们的学习态度和习惯具有显著影响。家庭教育的不同，以及学生成长的地区文化环境，都会塑造他们对传统文化内容的态度和感受。例如，来自少数民族地区的学生可能对本地的传统文化有更深的情感联系和理解。他们对本民族的语言、艺术、历史和节日等元素感到自豪，这些元素对他们的身份认同有着重要影响。相比之下，城市学生可能更容易接触和感兴趣于现代化和国际化的内容，他们可能对国际新闻、外国语言和全球文化趋势等表现出更大的兴趣。

在这种背景下，教育者在设计教学内容时需要高度考虑学生的文化背景。通过将传统文化与现代元素结合，教育者可以创建一个包容性强且相关性高的课程。例如，可以设计课程来探讨不同文化中的相似节日或习俗，或者比较传统文化中的英雄人物与现代社会中的领袖。这不仅可以增加课程的吸引力，也能帮助学生从中发现跨文化的共通点和差异。

此外，教育者可以利用多媒体资源，如视频和网络交流，来展示不同地区的文化实践，使学生能够直观地了解其他文化背景的同龄人的生活方式和价值观。这种方法不仅丰富了学生的学习体验，还促进了不同背景学生之间的文化交流和理解，帮助他们建立起相互尊重和理解的全球视角。

最终，教育者应致力于创造一个开放和包容的学习环境，鼓励学生分享和探索各自的文化背景。通过组织文化日活动、学生主导的研讨会以及社区参与项目等，可以有效地增强学生对自己和他人文化的认识和尊重。这种教育实践不仅有助于学生的个人成长，也对促进社会的文化多样性和和谐具有重要意义。

通过全面理解学生的年龄特征、学习风格和文化背景，教育者可以更有效地将传统文化和思想政治教育结合起来，不仅可以增强教学的吸引力，还可以提高教育的适应性和效果。

二、传统文化在思想政治教育中的应用

在思想政治教育中融入传统文化元素是一种有效的教学策略，它不仅可以丰富教学内容，也可以增强学生的学习动机和文化认同感。为了达到这一教学目的，教育者需要精心选择文化元素，设计合适的教学方法，并通过实践活动增强学生的参与度和体验感。

（一）文化元素选择

选择与学生年龄和兴趣相匹配的传统文化元素对于教学成功至关重要。对于年幼的学生，可以选择简单且有趣的文化元素，如传统节日和民间故事，这些内容通常充满了色彩和活力，易于吸引孩子们的注意力。例如，讲述中秋节的由来和习俗，通过这样的故事，学生不仅能学习到关于节日的知识，还能理解其中的家庭和团聚的重要价值观。教育者可以引入有关月亮的传说，如嫦娥奔月、玉兔捣药等，这些故事富有想象力，能激发孩子们的创造力和好奇心。同时，通过制作月饼和花灯活动，孩子们可以在实践中体验节日的传统习俗。这种互动式学习有效地增强了他们对文化的认同

感和参与感。

对于年纪较大的学生，可以引入更为复杂的文化元素，如历史人物的生平故事或成语的来源。这些内容可以帮助学生深入理解历史的脉络及其对现代社会的影响。例如，通过分析诸葛亮的智慧和策略，学生可以学习到问题解决和战略规划的重要性。探讨诸葛亮的"草船借箭"和"空城计"，不仅揭示了其非凡的智慧和勇气，也让学生了解到心理战和策略的应用。教育者可以通过角色扮演或模拟战略游戏的形式，让学生亲身体验这些策略，从而更深刻地理解历史人物的决策过程及其背后的文化价值。

此外，对于学习成语的来源，教育者可以挑选那些与学生生活密切相关的成语，如"破釜沉舟"或"掩耳盗铃"，通过故事讲述和情景模拟，帮助学生掌握成语的使用场景和深层含义。这种教学方式不仅能够让学生学习语言，也能够让他们在日常生活中运用这些知识，提高他们的语言运用能力和文化理解力。

通过这种分层次的教学策略，不同年龄段的学生都能在各自的认知水平上得到有效的学习和成长，同时对传统文化有更深的理解和尊重。这不仅促进了学生个人的全面发展，也为他们将来在更广阔的社会和文化环境中活跃打下坚实的基础。

（二）教学方法

针对不同学习特点的学生，教育者应采取多样化的教学方法。故事讲述是一种普遍有效的方法，尤其适合传达富有情感的历史事件和介绍传统节日的背景。使用故事讲述不仅能够激发学生的想象力和情感共鸣，还能够帮助他们更好地记忆和理解复杂的历史和文化内容。例如，在介绍春节的由来时，通过讲述怪兽"年"的故事，孩子们可以更生动地理解春节习俗背后的文化意义，如为什么要放鞭炮、挂红灯笼等。

此外，角色扮演可以让学生更深入地体验历史人物的情感和决策过程，增强他们对历史情境的理解和共鸣。例如，在讨论三国时期的政治策略时，学生可以扮演刘备、曹操和孙权，通过模拟历史场景来探讨各种决策的优劣。这种互动式学习不仅使学生能从多角度理解历史事件，还能培养他们的同理心和批判性思维能力。通过身临其境的体验，学生可以更好地理解各种历史人物的动机和所处的情境，从而对历史有更深刻的认识。

课堂讨论也是一种重要的教学方法，特别是对于高年级学生，通过讨论可以促进他们的批判性思维和口头表达能力。在这种教学活动中，教育者可以引导学生探讨古代的礼仪之训如何影响现代社会的行为准则，或者讨论孔子的"仁爱"思想在今天如何体现。此外，教育者可以设置特定的议题，如探讨"法治与人治"的概念在现代社会的应用，学生通过团队辩论或小组讨论的形式，分析历史与现实的联系和区别。这样的讨论不仅提高了学生的分析能力，也加深了他们对传统文化和历史知识的理解和应用。

通过这些教学策略的实施，学生能够在多个层面上深化对传统文化和历史知识的理解，同时也能够在思考和表达上取得显著进步。这种教学方法的多样性和互动性，有效地提升了学习的趣味性和教育的实效性，使学生能够在充满挑战的学习环境中获得成长和发展。

（三）实践活动

设计与传统文化相关的实践活动，是增强学生体验和参与感的有效途径。这些活动可以是手工艺品制作、传统歌舞表演，甚至是模拟古代仪式。例如，学生可以在课堂上制作中国结或剪纸。这些活动不仅能让学生亲手体验传统技艺，还能深入了解文化背景。

这种类型的活动具有将抽象概念具体化的能力，让学生通过动手实践来连接过去与现在。例如，制作中国结，不仅是学习一项古老技艺，更是深入探索其在中国文化中的象征意义，如团圆、吉祥和永恒。同样，剪纸不仅是学习剪刀的运用技巧，更是理解这种艺术如何表达对生活的希望和美好祝愿。

除了手工艺品，传统歌舞表演和模拟古代仪式也是让学生深入体验传统文化的重要方式。学生可以参与龙舞或狮舞的表演中，这种活动不仅锻炼了他们的身体，也让他们了解到这些表演背后的文化意义和历史由来。模拟古代仪式，如茶道或书法展示，让学生亲身体验这些精细艺术的宁静与专注，学习到更多关于礼仪和敬重的文化知识。

通过这些具体的教学策略和活动，传统文化元素在思想政治教育中的应用不仅能够教授学生知识，更重要的是能够培养他们的文化自豪感和价值观，这对于他们的全面发展极为重要。这种教育方法通过提供直接的文化体验，促使学生不仅学习到文化知识，而且能够感受到文化的生命力和深远影响，从而建立起对自身文化遗产的尊重和热爱。

第三节　甄选传统文化内容

甄选合适的传统文化内容不仅可以提升学生的文化认同感和自豪感，还可以激发他们的思考，引导他们形成正确的世界观、人生观和价值观。通过合理的文化教育策略，可以有效地提高教育的吸引力和教育质量，同时为学生在未来的社会实践中提供思想上的指导和精神上的支持。这种教育策略的实施，不仅需要教育者深入理解和把握传统文化的内涵，也需要他们具备将这些文化知识转化为教育内容的能力。

一、传统文化与思想政治教育内容的整合

在高校的思想政治教育中，传统文化的有效整合不仅可以增强教育内容的吸引力，还能在深层次上塑造学生的价值观和行为准则。以下是通过传统文化来进行社会主义核心价值观教育、道德行为培养以及国家认同感强化的具体方法。

（一）价值观教育

传统文化是进行社会主义核心价值观教育的重要资源。例如，儒家文化中的"仁爱""公正""礼仪"等价值观与社会主义核心价值观中的"和谐""公平""文明"有着天然的契合点。通过对这些传统价值观的讲解和讨论，教育者可以引导学生理解这些概念在当代社会的实际意义，并鼓励学生将这些价值观内化为自己的行为准则。例如，在课程中引入《论语》和《孟子》等经典文献，讨论孔子和孟子的思想如何与现代社会的价值观相联系，可以帮助学生深入理解这些思想的现代应用。

（二）道德行为培养

利用传统节日和历史故事来培养学生的道德行为和社会责任感是另一种有效的教育方法。传统节日如春节、中秋节等，不仅是家庭团聚的时刻，也是传承文化和教育道德行为的重要时机。通过组织学生参与节日的庆祝活动，如制作灯笼、书写春联等，可以教育学生关于孝顺、感恩的重要性。同时，通过讲述诸如岳飞抗金、文天祥不屈等历史故事，可以强化学生的忠诚与责任感，激发他们对正义和勇气的认同。

（三）国家认同感的强化

通过传统英雄故事和重大历史事件的讲解与反思，可以有效地强化学生的国家认同感和爱国情感。例如，通过学习关羽的忠诚与勇敢，学生可以更深刻地理解为国家和人民服务的重要性。此外，对于抗日战争、解放战争等关键历史事件的学习，不仅让学生了解历史，更能激发他们对国家和民族的深厚感情。通过观看相关的纪录片、参与主题讨论，甚至是走访历史遗址，学生能够更直观地感受到历史的严肃性和神圣性，从而加深对国家的认同和爱国情感的理解。

二、甄选合适的传统文化内容

在高校的思想政治教育中，精心挑选并整合传统文化内容是一项至关重要的任务。选择合适的内容不仅能够提升教学的深度和广度，还能促进学生对文化遗产的认识和欣赏，增强他们的文化自豪感和责任感。

（一）选择标准

为了确保传统文化内容能有效地服务于教育目标，我们需要制定一系列明确的选择标准。首先，相关性是主要的考量因素，选取的内容应与当前社会热点、学生的生活经验以及国家的发展需求相关联。通过将古代的道德观念与现代社会议题结合，如环境保护、社会公正等，可以让学生更容易理解并感受到传统文化的现实意义。这种相关性不仅能帮助学生在学习传统文化时找到切入点，还能激发他们将古代智慧应用于解决当代问题的兴趣。

其次，教育价值是评判标准之一。所选内容应能够传达正面价值观，并促进学生的全面发展。传统文化中蕴含的深刻道德和哲学思想，如忠诚、勇敢、智慧等，都是构建学生个人品格的重要基石。通过学习这些文化内容，学生不仅可以提升自己的道德水平，还能在社会互动中展现出更成熟的行为模式。

最后，激励性也非常关键。所选文化元素应具有启发思考和激发探索兴趣的能力，使学生能够在学习过程中保持高度的参与度和动力。例如，通过探索诗歌中隐藏的历史和文化背景，学生可以发展出对文学的热爱和对历史事件的深入理解。此外，通过互动式教学方法，如角色扮演、辩论等，可以使这些文化元素变得生动有趣，进一步提高学生的学习热情和主动性。

通过这些具体的选择标准，教育者可以将传统文化内容更系统地整合到高校的思想政治教育中，不仅使教育内容更加丰富和深入，也能有效增强学生的学习效果和文化认同感。这种精心设计的教育策略将促进学生在认知、情感和行为上的全面发展，为他们将来的社会生活和职业发展打下坚实的基础。

（二）内容示例

1. 道德和哲学思想

儒家思想和道家哲学是中华文化的重要组成部分，它们为个人的道德修养和社会和谐提供了指导。例如，儒家的"仁爱思想"和"礼义廉耻"，道家的"自然无为"和"道法自然"，都是极具教育意义的主题，可以通过讲座和课堂讨论深入探讨。

2. 历史人物和事件

选择那些能够激发学生思考和讨论的历史人物和事件，如诸葛亮的智慧、岳飞的忠诚，以及唐太宗与魏征的"谏逆听纳"的故事。这些内容不仅丰富了学生的历史知识，还能激发他们的道德感和责任感。

3. 艺术和文学作品

古典诗词、书法和绘画等艺术形式，是理解传统文化的窗口。例如，杜甫的忧国忧民诗作、王羲之的书法《兰亭序》等，都是极具代表性的文化遗产。通过这些艺术作品，学生可以学习到古人的生活哲学和审美情趣。

（三）多元化途径

为了更有效地将传统文化内容融入思想政治教育，可以采用多种教学方式和传播途径。利用多媒体技术，如视频、动画和虚拟现实等，可以使传统文化的教学更加生动和直观。例如，通过制作高质量的纪录片或动画，展示中国的历史事件、传统节日或古代仪式，学生可以在视觉上获得更加丰富和精确的历史感受。虚拟现实技术则可以提供一个沉浸式的学习环境，使学生仿佛置身于古代场景中，从而更深刻地理解和体验传统文化的精髓。

此外，举办专题讲座和研讨会，邀请文化学者和历史专家来校分享知识，不仅能增加学术氛围，还能拓宽学生的视野。这些讲座和研讨会可以涵盖从古典文学解读到历史事件分析等多方面内容，为学生提供直接与专家互动的机会，激发他们对深入研究传统文化的兴趣。专家的见解和独到的分析可以帮助学生更准确地理解文化背景，增强其对传统文化的认知。

组织相关的文化体验活动，如诗歌朗诵会、书法展览和传统节日庆典等，也是让学生亲身体验和深入理解传统文化的有效方法。诗歌朗诵会可以让学生体验语言的韵律美和深层意义，同时学习如何表达和传递传统文化的情感。书法展览不仅展示书法艺术的技巧，还能让学生亲手尝试书写，体验书法背后的文化精神和审美价值。传统节日庆典如春节、中秋节等，可以通过实际操作，如包饺子、制作月饼等活动，让学生在参与中学习节日的文化意义和历史背景。

通过这些多样化的教学方法和活动，传统文化的教学不仅限于书本知识，而且扩展到了感官体验和情感共鸣，极大地增强了教育的实效性和吸引力。这种全方位的文化教育方法能够帮助学生建立更为全面和深入的文化理解，从而在思想和行动上更加尊重和珍视传统文化遗产。

三、实施策略与方法

在高校思想政治教育中融入传统文化内容，需要精心设计课程和教学方法，以确保教学的有效性和深度。此外，通过定期评估和收集反馈，可以持续优化教育效果。

（一）课程设计

将选定的传统文化内容有效融入现有的课程体系要求教育者对课程目标和结构有深刻理解。设计时可以将传统文化与相关的现代议题结合，以增强内容的相关性和实用性。例如，可以在政治理论课中引入儒家的"仁政"理念，探讨其在现代政治治理中的应用，或在法学课程中讨论古代法律与现代法律的联系与差异。通过这种方式，不仅让学生学到传统知识，还能帮助他们理解这些知识如何应用于现代社会，从而更好地把握课程的学习重点。

此外，将传统文化内容融入课程设计还需要教育者创造性地调整教学方法和评估策略。例如，在经济学课程中，可以通过比较古代的经济制度和今天的经济模式来讨论持续发展的概念。学生可以研究古代的农业技术、贸易路线以及税收系统，与今天的经济环境进行对比，以深化对经济学原理和持续发展策略的理解。这种跨时代的比较不仅增加了课程的趣味性，也促进了学生的批判性思维。

在社会学或心理学课程中，传统文化中的家庭和社会结构、性别角色以及人际关系处理的经典案例，如孔子的"五伦"教义，可以用来探讨现代社会中相似议题的不同处理方式。这样的课程设计鼓励学生将传统观念与现代理论结合起来，思考如何将古代智慧应用于解决当代问题。

通过这些具体的课程融合策略，传统文化内容不仅是知识传递的媒介，而且成为连接过去和现在，理论与实践的桥梁。这种教育方式有效地增强了学生对传统文化和现代知识体系之间联系的理解，为他们提供了一个更全面的视角来看待世界和处理现实问题。

（二）评估与反馈

为了确保教育活动的效果，必须设计有效的评估方法来衡量传统文化内容在思想政治教育中的影响力。评估可以通过定期的学生反馈问卷、课堂表现评估以及课程后的知识测试来进行。这些评估应包括对学生知识掌握程度的量化分析，以及对其批判性思维和道德观念改变的定性评价。根据这些反馈，教育者可以调整教学内容和方法，确保教学活动能够持续改进，更好地满足学生的学习需要和教育目标。

学生反馈问卷可以设计为包含具体的问题，如"课程内容是否加深了您对传统文化的理解？"或"您是否认为学到的传统价值观对您的日常生活有实际影响？"这样的问题可以帮助教育者了解学生对课程内容的吸收和实际应用程度。课堂表现评估则更加关注学生在课堂讨论中的参与度和课堂活动中的表现，这可以反映学生对知识的理解深度和思考能力。

课后的知识测试不仅测量学生对传统文化知识点的掌握情况，而且评估他们如何将这些知识应用于解决问题或分析现实情境。通过这些定量和定性的评估方法，教育者可以获得全面的数据支持，以便对教学策略进行必要的调整，增强课程的教学效果。

通过这些精心设计的策略和方法，高校可以有效地将传统文化融入思想政治教育中，不仅能丰富教育内容，也能促进学生全面发展。这种教学实践不仅增强了学生的文化认同感，还培养了他们成为有道德、有思想、有深度的现代公民。此外，通过持续的评估和反馈机制，教育者能确保教学内容始终与学生的需求和社会发展保持同步，从而使传统文化教育更具前瞻性和适应性。

第四节　选用适当的教学方法

适当的教学方法可以有效地将传统文化与现代思想政治教育的要求相结合，使教学内容不仅仅停留在知识的传递上，而且能深入学生心灵，影响他们的思想和行为。因此，将传统文化有效融入思想政治教育中，以此促进学生对传统文化的理解与尊重，并在此基础上培养他们的全球视野和社会责任感。这种教学方法的选择不仅需要考虑内容的深度和广度，还要考虑学生的接受方式和学习效果，以确保教学活动的最大效益。

一、教学方法的选择标准

（一）相关性

教学内容的选择必须与学生的日常生活经验和当前社会议题紧密相关。这种相关性不仅帮助学生理解传统文化的现代意义，还能激发他们对学习的兴趣。例如，当探讨传统节日时，可以联系现代的家庭团聚方式和节日的商业化趋势，让学生探讨和比较不同的文化和时代如何影响传统的庆祝方式。这样的教学内容更贴近学生的实际生活，使他们能够更容易地将抽象的历史和文化知识应用于具体情境中。

进一步地，可以引导学生探索现代科技（例如社交媒体和电子商务）如何改变了传统节日的庆祝方式和文化传递的途径。学生可以分析网络购物对春节期间传统市场的影响，或是社交媒体上的节日祝福如何取代了面对面的拜年习俗。通过这种方式，学生不仅学习到关于节日的传统知识，还能理解这些传统如何在现代社会中适应和演变。

此外，现代节日庆典中包含的消费主义倾向，如何与传统节日的精神（团圆、感恩和共享）相冲突或相融合，也是一个值得深入探讨的话题。通过比较分析，学生可以更深刻地理解文化价值观的变迁，以及这些变迁对个人和社会行为的深远影响。

通过这些具体的例子和分析，学生能够从中学习如何批判性地思考和评价文化现象，同时这种教学方式也能帮助他们将学到的知识与现实世界联系起来，增强学习的相关性和实用性。这种与实际生活紧密结合的教学方法不仅增强了教学的吸引力，也更有效地促进了学生对传统文化的理解和欣赏。

（二）互动性

采用互动性强的教学方法可以显著增强学生的学习体验。通过组织小组讨论、角色扮演、模拟活动等互动形式，学生可以更积极地参与学习过程，从而更深入地理解和吸收教学内容。例如，通过模拟古代的朝廷辩论，学生可以扮演不同的历史人物。这不仅让他们学习到相关的历史知识，还能锻炼他们的语言表达能力和逻辑思维能力。这种教学方法使学习变得更加生动和实际，有助于学生在实践中学习和成长。

进一步地，这种互动形式的教学可以扩展到更多的场景和学科中。例如，在学习传统节日或民族习俗时，学生可以通过角色扮演重现节日的传统活动，如扮演制作灯笼或编写春联的工匠，或者模拟一个家庭如何准备和庆祝这些节日。这样的活动不仅加强了学生对文化背景的理解，而且通过亲身体验，学生能更深刻地感受到这些传统在当代的意义和价值。

此外，通过利用现代技术，如虚拟现实（VR）和增强现实（AR），教育者可以创建更加沉浸式的学习环境。例如，学生可以通过虚拟现实头戴设备进入一个虚拟的历史场景，亲自体验历史事件的发生，或在 AR 应用中与历史人物"对话"，询问他们的决策理由和情感体验。这种技术的应用不仅让学生在视觉和听觉上获得刺激，也极大地提高了他们对学习内容的兴趣和参与度。

通过这些多元化和创新的互动教学方法，学生的参与感和学习动力得到显著提升。这不仅使教学内容更加生动有趣，而且强化了学生的实际操作能力和问题解决能力，为他们未来的学术和职业生涯打下坚实的基础。

（三）多样性

学生的学习风格和需求多种多样，因此采用多样化的教学方法显得尤为重要。结合讲授、视觉展示、实践操作和技术应用等多种教学手段，可以满足不同学生的学习需求，提高教学的普适性和效果。例如，在教授古典诗词时，除了传统的课堂讲解，还可以使用音乐视频或数字化媒体展示诗歌的背景和意境，甚至组织诗歌创作和朗诵比赛，让学生在多感官的学习活动中深化理解。

此外，为了进一步增强诗歌教学的吸引力和教育效果，可以引入互动式网络平台，让学生在虚拟环境中自行探索各种诗歌作品。通过这种平台，学生可以点击不同的诗句来了解其文学技巧、历史背景和批评分析。这种自主学习方式不仅提升了学习的灵活性，也增加了学习的深度。

实践操作也是提升教学效果的重要手段。在探讨古典诗词的节奏和韵律时，教育者可以引导学生通过团队合作编排诗歌表演，将诗句结合音乐和舞蹈表现出来。这种表演式学习不仅能帮助学生更好地掌握诗歌的节奏感和情感表达，还能激发他们对传统文化的热情。

在技术应用方面，利用增强现实技术为学生提供一个可以互动的诗歌学习环境也是一个创新的教学策略。例如，学生可以通过 AR 眼镜观看诗人在历史背景中的动态表演，或是在虚拟环境中直接与古代诗人对话，询问创作背后的思考和情感。这种沉浸式体验能极大地提升学生对诗歌深层次意义的理解和记忆。

通过这些多样化的教学方法，学生不仅能在传统的学习环境中获得知识，而且能通过现代技术和创新的教学策略在享受学习乐趣的同时，深入理解和体验诗歌的艺术魅力。这种综合性的教学方案不仅提高了学生的学习兴趣和参与度，而且有效地促进了他们对传统文化的认知和欣赏。通过确保教学内容的相关性、互动性和多样性，可以有效地增强学生对传统文化和思想政治教育内容的兴趣和理解。这些教学方法的综合应用，不仅能够丰富学生的学习体验，还能帮助他们在多维度上发展其认知和价值观。

二、有效的教学方法介绍

（一）故事讲述

故事讲述是传递道德教育和文化价值的经典方法。通过叙述历史事件和传统故事，教育者可以将抽象的道德概念和文化精神具象化，使学生能够在情感上与内容产生共鸣。例如，通过讲述孔子的生平和教育理念，学生不仅学习到儒家思想的基本要素，还能理解这些思想如何影响中国社会的道德发展。这种教学方式通过故事的吸引力帮助学生更好地记忆和理解复杂的历史和文化知识。

扩展到其他领域和文化，故事讲述方法同样有效。例如，在讲述希腊神话时，教育者可以通过叙述赫拉克勒斯的十二功劳或者奥德赛的冒险来介绍古希腊的价值观和社会结构。通过这些故事，学生不仅能学习到古希腊文化的重要方面，还可以探讨勇气、智慧、忠诚等普遍价值观如何在不同文化中以不同形式表现。

此外，故事讲述还可以用来探讨较为敏感或复杂的历史事件。例如，讲述美国独立战争或民权运动的关键事件时，通过个人故事和见证者的叙述，学生可以更生动地感受到历史事件的人文情感和道德冲突，从而更深入地理解这些事件背后的历史意义和文化影响。

故事讲述不仅仅是传递信息的工具，也是一种强大的教育策略，能够激发学生的想象力，促进情感共鸣，加深对复杂历史和道德问题的理解。通过将故事融入教学，教育者可以更有效地将传统文化和道德教育内容传递给学生，帮助他们形成全面的世界观和价值观。

（二）案例分析

案例分析方法涉及对具体历史案例或文化现象的深入探讨，讨论其对现代社会的影响和教训。通过这种分析，学生可以学习如何将历史教训应用于现代社会。例如，分析清末民初的变法尝试，探讨其失败的原因和对中国现代化进程的影响，学生可以从中获取关于政治改革和社会发展的宝贵见解。

案例分析可以进一步扩展到比较不同文化和时期的类似事件，以促进学生的跨文化理解和批判性思维。例如，将清末的戊戌变法与日本明治维新相比较，不仅可以分析两者在政治、经济、社会改革方面的异同，还可以讨论为何同为东亚国家的改，革命运却迥然不同。通过这种比较，学生不仅能深入了解各自的历史背景，还能学习到影响国家现代化进程的多种因素，如国内政治结构、国际环境、文化传统等。

此外，案例分析还可以用来探讨历史人物的决策过程及其对后世的长远影响。例如，分析土地改革政策及其对中国农村社会结构的影响，可以帮助学生理解历史决策的复杂性和深远性。通过详细讨论这些政策的初衷、执行过程及其结果，学生可以更全面地评价政策的效果，同时学习如何在未来的公共政策制定中考虑多方利益和潜在结果。

案例分析不仅增强了教学的针对性和深度，还激发了学生的好奇心和探索欲，使他们能够主动从历史中寻找解决现代问题的线索。通过这种教学方法，学生能够将理论与实践结合，提高自己分析问题的能力和解决问题的能力。

（三）角色扮演

角色扮演活动让学生通过扮演历史或文化中的人物，深入体验并理解这些人物的行为和决策。这种方法可以极大地增强学生的历史体验感，提升他们的同理心和批判性思维能力。例如，在讨论秦始皇的中央集权制度时，学生可以扮演秦始皇或他的反对者，通过辩论来深入探讨集权与地方自治的利弊。

扩展这一教学方法，学生可以通过角色扮演探讨不同历史时期和文化背景下的重大政治决策。例如，在一个关于罗马帝国的课程中，学生可以扮演恺撒、庞培或西塞罗等角色，通过模拟参议院辩论来讨论罗马扩张的政策和内部政治斗争。这样的互动不仅使学生能够深入理解罗马政治结构的复杂性，还能够体验到当时决策者面临的道德和战略挑战。

此外，角色扮演也可以用于探索文化和社会议题。例如，在讨论废除奴隶制的历史课程中，学生可以扮演不同的历史人物，如奴隶主、奴隶、废奴主义者等，通过模拟一个关于奴隶解放的社会论坛或立法会议，深入讨论自由与人权的价值。这种体验不仅让学生探讨了历史事件，而且使他们能理解和评价这些事件对现代社会的影响。

通过角色扮演，学生不仅可以在情感层面与历史人物建立联系，还能通过实际的情景模拟来提高他们的历史解析能力和批判性思维。这种方法有效地将抽象的历史知识转化为具体和感性的学习体验,帮助学生从多角度理解复杂的历史和文化问题。这不仅增强了教学的趣味性和参与度,也促进了学生综合能力的发展。

(四) 小组讨论

小组讨论是一种促进学生批判性思维和口头表达能力的教学形式。通过讨论,学生可以交换观点,增强理解和批判各种文化和政治理念的能力。例如,组织学生讨论民主与儒家治国理念的兼容性,可以帮助学生从多角度理解这些复杂的概念,并锻炼他们的辩证思维。

此外,小组讨论的形式可以应用于各种教育主题。例如,在探讨全球化对传统文化影响的课程中,学生可以分组讨论全球化进程中文化同质化和文化多样性的张力。这样的讨论不仅促使学生批判性地思考全球化的经济、社会和文化后果,还激发他们思考如何在全球化背景下保护和传承本土文化。

在技术和科学伦理的讨论中,小组讨论也显得尤为重要。通过讨论基因编辑、人工智能的道德和法律问题,学生可以通过团队合作探讨科技进步与伦理原则之间的平衡问题。这种讨论帮助学生建立起对科技伦理复杂性的理解,并培养他们在面对未来科技挑战时的决策能力。

小组讨论还可以扩展到文学和艺术的分析,学生可以通过讨论不同作家和艺术家的作品来探讨文化、政治和社会主题。例如,分析不同历史时期的文学作品如何反映其时代的社会状况和人们的思想变迁。这种讨论不仅增加了学生对文学深度的理解,还锻炼了他们将文学作品与其历史和文化背景联系起来的能力。

通过这些多样化的小组讨论主题和活动,学生不仅能提升自己的批判性思维和公共表达技能,还能在学术和个人成长方面获得显著的提升。这种教学方法鼓励学生积极参与,推动他们在理解复杂问题和形成独立观点方面取得进步。

(五) 多媒体使用

利用视频、动画等多媒体工具可以使教学内容更加生动和直观。多媒体工具特别适用于展示复杂的历史事件或生动的文化现象,使学生能够直观地看到历史场景,更好地理解教学内容。例如,通过动画重现楚汉战争的关键战役,学生可以更直观地理解战争的发展过程和关键人物的战略决策。

此外,多媒体不仅限于动画和视频,还可以包括交互式图表和虚拟现实体验,这些都能够极大地提升学习的吸引力和效果。例如，在教授古代建筑（如长城或埃及金字塔）时，利用虚拟现实技术可以使学生仿佛置身于这些历史遗迹中，从而更深刻地体验和理解其建筑特点和历史意义。

通过这些多样化的应用，多媒体不仅丰富了教学手段，也提高了学生的学习效率和兴趣。这种技术融入教育，为传统的教学方法带来了创新和活力，使学习过程更加动态和互动。

三、教学方法的实施策略

为了确保选定的教学方法能够有效地融入思想政治教育和传统文化教学中，需要细致的课程设计、专业的教师培训以及对学生反馈的持续关注。以下是具体的实施策略。

（一）课程设计

将创新的教学方法融入课程设计，要求教师明确课程的学习目标和预期成果。在课程设计过程中，教师需要将传统的讲授与现代的教学方法结合起来，形成一套全面的教学计划。例如，教师可以在讲解传统文化的理论基础后，通过案例分析、角色扮演或小组讨论等方法，使学生能够在实践中深化理解和应用这些知识。此外，课程应设计得有灵活性，以便根据学生的学习进度和反馈进行调整。课程内容的组织应确保每个教学单元都能够有效地衔接，逐步引导学生从基础知识到深入分析。

为了确保教学方法的有效性，课程设计应包括多样化的教学活动。这些活动旨在促进学生的主动学习和批判性思维。例如，在学习中国的历史哲学时，除了传统的讲座形式，教师可以设计互动式的工作坊，让学生通过团队合作来解决与哲学理论相关的现实问题。这种方式不仅能激发学生的兴趣，还能帮助他们理解这些理论在现代社会中的实际应用。

此外，教学计划应包括定期的评估和修订环节，以确保课程内容和教学方法能够适应学生的变化和教育环境的发展。教师可以通过定期的测验、项目作业和学生表现的观察来评估学生对知识的掌握程度和技能的发展。基于这些评估结果，教师可以调整教学策略，例如增加更多的视觉材料来帮助视觉型学习者，或者引入更多的讨论和辩论来锻炼学生的批判性思维。

为了使学习成效最大化，教学计划还应包括学生参与度的提升策略。通过定期的学生反馈收集，教师可以了解学生对课程内容的兴趣、在学习过程中遇到的挑战以及对教学方法的看法。这种反馈对于调整课程内容、改善教学方法以及增强学生参与感都至关重要。

通过这些综合性的策略，课程设计不仅能够适应教育的现代需求，还能确保学生在充满挑战的学习环境中获得成功，深化他们对传统文化和思想政治教育的理解与应用。

（二）教师培训

为了使教师能够有效地运用新的教学方法，必须提供系统的培训。这包括理论培训和实践操作指导。理论培训应涵盖各种教学方法的原理、优势和适用场景，使教师能够理解每种方法的教育价值和操作方式。实践操作指导应包括模拟教学、案例研究和反馈评估等环节，以增强教师运用这些方法的信心和能力。此外，教师培训还应包括如何有效地融合传统文化内容与现代教育技术的技能训练。

理论培训不仅应介绍各种教学技术，如交互式白板的使用、在线学习平台的管理，还应包括对教学理念的深入讨论，如探究式学习、差异化教学等。这些内容可以帮助教师在课堂上更好地应用技术和策略，创造一个促进学生主动学习和批判性思维的环境。

在实践操作指导方面，应通过角色扮演、模拟课堂和小组讨论等方式，让教师亲身体验这些教学方法。例如，在模拟课堂中，教师可以尝试使用案例分析法来讲授一堂关于中国历史的课，其他教师扮演学生角色参与互动。这种实践可以帮助教师理解学生在这种教学模式下的反应，并调整自己的教学策略，以适应学生的需求。

此外，定期的教学研讨会和工作坊也是培训的重要组成部分，可以使教师定期更新知识和技能。这些活动提供了一个平台，教师可以在此分享最佳实践、讨论教学挑战并从同行那里获得反馈。这样的互动不仅增强了教师之间的合作，也促进了教学方法和内容的持续改进。

教师培训还应包括对新兴教育技术的培训，如虚拟现实、增强现实和人工智能在教学中的应用。通过了解和操作这些先进工具，教师可以更好地将传统文化教育与现代技术相结合，创造出更加丰富和吸引人的教学环境。这不仅提高了教学效果，还能激发学生学习传统文化的热情。

（二）学生反馈

定期收集和分析学生反馈是评估教学方法有效性的关键。这可以通过问卷调查、面谈、课堂观察和学习成果的评估等方式进行。反馈应关注学生对教学方法的接受度、学习内容的理解深度以及这些方法对他们学习动机和成果的影响。基于收集到的反馈，教师应及时调整教学策略和课程内容，以更好地适应学生的需求和优化教学效果。

1. 问卷调查

设计详尽的问卷，覆盖各方面的教学反馈，包括学生对教学内容的兴趣、教学材料的实用性、教学方法的创新性等。问卷可以在课程中期和结束时进行，以获取学生在不同学习阶段的感受和意见。

2. 面谈

定期与学生进行一对一的面谈。这种直接交流可以深入了解学生对课程的具体感受，尤其是他们可能在问卷中未能充分表达的问题。面谈也有助于理解学生的个人学习需求和挑战。

3. 课堂观察

教学管理者或同行教师可以进行课堂观察。这不仅可以评估教师的教学技巧和互动水平，也可以观察学生在课堂上的参与程度和反应。课堂观察提供的直接证据可以支持或调整问卷和面谈所收集的反馈信息。

4. 学习成果评估

通过定期的测试、作业和项目来评估学生对知识的掌握程度。这些评估结果可以直观地反映教学方法的效果，帮助教师了解哪些方法最有效，哪些需要改进。

基于这些反馈数据，教师可以进行有针对性的调整，如改变教学方法、增加互动元素、调整课程难度等，以提高教学质量和学生满意度。此外，定期的反馈机制也鼓励教师持续自我提升，培养对教学内容和方法的反思能力。这种反馈和调整不仅提升了教学效果，也增强了学生的学习动机，使教育过程更加适应学生的需求，最终促进学生的全面发展。

第五章 思政课教学与中华优秀传统文化融合的内容探究

思想政治教育的内容桥接了实践中的教育主体（教育者）与客体（学生）之间的关系，充当双方的交流媒介。有效的教育内容应符合学生的认知能力和成长需求，同时也需契合国家的意识形态、政治目的、社会利益和时代主题。特别是在高等教育阶段，将中华优秀传统文化融入思想政治教育成为培养德才兼备的学生、加强文化教育的必然选择。

在新时代的背景下，大学生的思想政治教育应深植于中华优秀传统文化的沃土，借鉴其核心思想、精神特质和哲学理念，以此进行深入的人才培养和精神塑造，进而强化国家的文化软实力，打造坚实的国民精神基石。

第一节 中华优秀传统文化的精神特质

中华优秀传统文化拥有丰富的精神资源，对于提升当前大学生思想政治教育的质量和深度具有不可替代的重要性。在新时代的思政教育中，这种文化可以起到净化源头、稳固根基、塑造灵魂、培养德性的关键作用。通过深入学习和实践这些精神特质，大学生可以更好地构建正确的世界观、人生观和价值观，为社会的发展做出积极贡献。

一、自强不息的进取精神

在世界众多民族中，每个民族都以其独特的民族精神区别于他者，而中华民族的精神基石便是"自强不息"。张岱年先生曾用这一概念来总结中华优秀传统文化的核心特质。这一精神源于孔子对《周易》乾卦的解读——"君子以自强不息"。孔子认为，君子应当模仿天道的坚韧不拔，不断进取，以实现自己的理想与目标。

中国古代的思想家推崇天人合一的哲学，主张人们的行为应与天道相合。天道的特点是永恒运行、刚健有为，故人亦应展现出自强不息的进取精神。孔子不仅倡导这种精神，而且亲身践行，他对那种整日无所事事的生活持鄙视的态度。孔子的学习态度为"学而不厌"，他的教学方法为"诲人不倦"，他的生活哲学为"发愤忘食，乐以忘忧"，这些都充分体现了自强不息的精神。

自中华文明诞生之日起，这种精神就深植于中华民族的心灵，并持续影响着民族的内心世界，塑造着民族的集体人格。自强不息的精神不仅增强了中华民族的团结和向心力，也培养了民族在面对困难和挑战时不懈奋斗和勇往直前的意志与斗志。

二、厚德载物的包容品格

中华优秀传统文化高度重视道德的导向作用，其在个体成长和社会发展中占据核心地位。道德不仅是人们行为选择的重要依据，也是价值判断的基本准则。如《大学》中所述："自天子以至于庶人，壹是皆以脩身为本。"这表明，从帝王到平民，每个人都应以道德修养为生活的根本。

中华民族在发展其文明过程中形成了一种胸怀宽广、宽容质朴的民族性格，特别推崇克己反省和宽以待人的美德。除了"自强不息"的坚韧特质，中华文化还蕴含"厚德载物"的柔性特质。《周易》中的"坤卦"描述大地特性为"厚德载物"，意指大地以其宽厚和坚毅，无声地支撑并滋养万物，从不求回报。这种特质被视为每个人应内化的德性，促使个体发展出一种包容的品格。

从先秦时代开始，崇尚道德已是社会的共识。《左传》中记载的"三不朽"提出，"立德"是其中最为重要的一环。孔子的"杀身成仁"和孟子的"人兽之异"，都强调道德在定义人的根本性中的重要角色。儒家《大学》进一步推崇"明德"和"至善"，认为这是君子毕生追求的崇高道德境界。

因此，诸如"海纳百川""宽容易直""自昭明德""上善若水""止于至善"等理念，都成为君子追求的道德高标和人格典范。这些思想不仅塑造了中华民族的道德观念，也指导了个体的道德实践和社会的道德发展。

三、义利并举的价值观念

中华民族的传统文化深深植根于道义和气节的尊崇，培养了人们宽广的胸怀和坚定的正义感。在儒家文化中，"义"指的是合理且适宜的言行，即人们应走正道以避免误入歧途和不道德的行为。《中庸》中提到，"义者，宜也"，而《孟子》则把"义"定义为"人之正路"。

在日常生活中，义与利构成了一对基本的矛盾范畴。儒家文化特别强调君子应优先考虑义，如《论语》多次提到君子应以义为重，将利益置于道义之后。孟子在与梁惠王的对话中表达了这一观点。他提倡"王亦曰仁义而已矣，何必曰利"，强调即便在承认利的重要性的同时，也应先考虑义。孟子通过"后义而先利"的论证，指出先利后义会导致贪婪无穷和社会混乱，从而主张"义为利先"。

这种关于义利的哲学辩论贯穿了中华文化的历史，形成了"义利并举、以义为重、义为利先"的价值观。这些价值观不仅塑造了个体的人生观、价值观和世界观，也定义了人的社会地位和人生路径。传统的"义"与"利"哲学范畴成为区分君子与小人的标准，两者虽然对立但也是统一的。

随着数千年的文化演变，"义利并举、义为利先"的观念成为中华传统文化中的一个重要价值取向。即便在当今市场经济社会中，这种观念仍具有重要的现实价值，影响着现代人的行为和决策。

四、持中贵和的处事风格

中华民族文化的核心精神之一是崇尚和谐与持中道，这种思想深深浸润在民族文化的每一个细胞中。晏婴，春秋末年齐国的重要政治家，特别强调"和"的重要性。他认为国家的治理者应采用和谐的思维来处理各种支持与反对的意见，以实现社会的稳定。

晏婴通过"相济"和"相成"的理念，进一步丰富了"和"的内涵。特别是在分析齐景公与梁丘据的关系时，晏子阐述了"和"的本质是包容性的矛盾统一。《论语》中提到"礼之用，和为贵"，强调礼的作用在于维护社会的和谐稳定；通过礼来解决不同事物之间的冲突和不和，将一切纳入礼的有序框架之中。

《中庸》中的"致中和，天地位焉，万物育焉"表达了儒家对持中道的推崇，认为人应在自然、社会和他人之间寻找平衡，实现和谐共处，达到天人合一的理想状态。这要求合理掌握事物的"度"，在极端之间寻求中道，以维持和谐。

如果追求和谐仅仅是为了表面的"和"，而忽略了深层次的价值和实质，那么这种和谐就是形式主义的"和"，实际上是"德之贼"。持中并重和谐是中华优秀传统文化的显著特质，是天人合一哲学的具体表现，持续影响着中华民族的行为风格和处事原则。

五、仁义礼智信道德观念

在中华优秀传统文化中，"五常"——仁、义、礼、智、信，构成了贯穿中华五千多年文明发展的核心道德观念。这些原则不仅是儒家伦理价值的核心，也是传统社会秩序维系的基石。当前，这些观念与现代的家国情怀、责任担当以及社会主义核心价值观相得益彰。

"五常"在《论语》等典籍中频繁提及，展示了它们的重要性和普遍性。例如，《中庸》详细讨论了这五个德目，将仁定义为"修道以仁，仁者人也"，义被解释为"宜也"，而智、礼、信则通过各种教诲体现其深刻含义。孟子进一步强调，仁、义、礼、智是人的固有属性，是人们内心世界的本质部分。

从西汉时期开始，董仲舒提出"五常之道"——仁、义、礼、智、信，标志着儒家思想在官方政策中的独尊地位。到了东汉，《白虎通义》将这五个德目定性为人的本性，进一步加深了其在社会中的影响力。

从魏晋到清代中叶，"仁义礼智信"作为官方意识形态和民间生活的指导原则，其影响逐渐扩大并被深度阐发。这些原则回答了如何立德做人、与人交往、治国理政等社会基本问题，发挥了规范和整合社会的作用。

总的来说，"仁义礼智信"不仅塑造了中华民族的道德观念、价值判断和精神气质，而且历代以来一直是人们行为方式和社会交往的准则。在新时代，这些传统美德继续为中国特色社会主义的道德文明建设提供文化滋养和道德基础，展现其长久不衰的文化价值和实践意义。

第二节　中华优秀传统文化的核心理念

中华优秀传统文化富含深邃的精神特质和核心理念，这些理念在社会的不同层面得到体现。将这种文化融入大学生的思想政治教育，既需要全面把握其内在精神特质，也要深入整合其核心理念。习近平总书记在 2014 年强调了深入挖掘和阐发中华优秀传统文化讲仁爱、重民本、守诚信、崇正义、尚和合、求大同的时代价值，认为这些可以为社会主义核心价值观的培养提供重要源泉。2017 年 1 月，相关政策文件《关于实施中华优秀传统文化传承发展工程的意见》也提出需要大力弘扬这些核心思想理念。

在大学生的思想政治教育中，将中华优秀传统文化的核心理念进行融合是关键一步，目的是固化和涵养社会主义核心价值观。然而，如何创新性地将这些传统理念用于培育现代价值观，学界还需进一步探讨和阐释。

一、讲仁爱

讲仁爱是中华优秀传统文化的核心主题，且在儒家思想中占据重要位置。仁爱思想不仅是中华优秀传统文化的核心理念，也是其精神气质的表现，还是社会主义核心价值观培养的重要源泉。这一思想体系通过历代儒家学者的阐述和实践，成为指导中国社会道德实践和精神追求的基石。

（一）仁爱的内涵

仁爱在中华优秀传统文化中占据核心地位，它象征着人与人之间维持关系的基本情感。甲骨文中的"仁"字由"人"和"二"组成，象征两人间的关系，强调相互理解和尊重。许慎在《说文解字》中将"仁"解释为"亲也"，即亲密和关爱。

儒家思想中的仁爱概念被孔子和孟子等人深入发展。在《论语》中，孔子将"仁"作为经常讨论的主题，提及次数超过百次，通过对弟子们不同的提问，展现了仁爱精神的多面性和深刻内涵。孟子继承并发扬了孔子的仁爱思想，他提出"亲亲，仁也"和"仁，人心也"，进一步明确了仁的定义和重要性。荀子也强调仁的作用，认为"仁义德行"是社会常态安定的关键。

仁爱是维持人际关系的核心，如《礼记》和《中庸》所言，"仁者，人也"。孔子强调，仁的实践起始于家庭的孝悌，扩展到对社会他人的爱，是达到道德至善的基础。"仁者，爱人"，表达了人的内在情感和道德要求。

孟子进一步阐述，人的本质区别于动物在于具备"四心"——仁、义、礼、智，这些都是道德行为的起点。他通过一个故事说明了仁的本能——对井边玩耍孩童的自然关怀，展示了人的本性中的恻隐之心。

仁爱的实现需要个体的主观努力。孔子提出，仁由个人内心的道德自觉发起，是内在的品德体现。实践仁爱意味着不仅关心自己，也体恤他人。这种主观意志和内在意愿展现了人的道德美德和精神价值。

综上所述，仁爱不仅是中华传统文化中的一个核心概念，也是人与人之间关系的情感纽带和个体道德自觉的体现。它要求人们在实际生活中以换位思考的方式相互尊重和关爱，达到个体与集体的和谐统一。

（二）仁爱思想对社会主义核心价值观"爱国""友善"的涵养

仁爱思想在中华优秀传统文化中扮演着核心角色，其主旨在于"爱人"。孟子在

《尽心上》中提道："亲亲而仁民，仁民而爱物。"这句话深刻表达了从个人到社会再到自然的爱的扩展，即通过内心深处的仁爱情感逐步将爱推及他人及万物。

仁爱精神体现为人与人之间的相互尊重、彼此关爱、互相理解和宽厚待人，这是一种崇高的美德和博爱的胸襟。它不仅是中华民族的基本精神和传统美德的基点，而且是促进民族和睦、包容、团结和亲如一家的精神内涵。

在日常生活的不同层面上，仁爱的表现形式多样：在个人和家庭关系中表现为"友善"，爱护家人同时关爱他人；在社会和国家层面则转化为"爱集体""爱社会""爱国家"。这些不同表现形式均是仁爱思想在现代社会中的具体实践。

1. 爱国

"爱国"是仁爱思想在宏观层面的体现，反映了中国传统的"家国一体、家国同构"的观念。爱国情怀在中华民族历史上一直是一种强烈的情感，孕育了"国而忘家"和"以天下为己任"的爱国主义传统。这种传统不仅是全国人民的共同精神支柱，也深刻影响着每一个中华儿女的思想、情感、意志、信念及言行，是中华优秀传统文化在新时代中国特色社会主义的创新性表达和实践转化的重要方面。

（1）爱国情怀根源于对国家文化传统和历史底蕴的深刻认知与认同

每个人的生活背景都深植于特定的文化和历史条件中，因此弘扬爱国主义精神必须伴随着对中华民族历史和文化的尊重与传承。中华优秀传统文化的思想智慧继续在我们的认知模式、心理态度以及行为方式中悄然发挥影响力。真正的爱国情感建立在对这些民族文化传统的深入了解和认同之上。为了与现代社会生活建立连接，我们需要从精神深处唤醒传统文化中的积极元素。例如，现代的进步观念"与时俱进"与古代的"与时偕行"相呼应；"人类命运共同体"思想与"天下为公""协和万邦"不谋而合；"不忘初心"与"赤子之心"共鸣；"以人民为中心"的理念与"民惟邦本"的传统观点内在相关。这些都显示了传统与现代观念之间的连续性。中国特色社会主义文化的繁荣并非无根之木，而是在马克思主义的指导下，通过对中华优秀传统文化思想资源和精神智慧的创新性转化与发展，使之绽放新的时代光芒，焕发活力。因此，深入挖掘中华优秀传统文化中以爱国主义为核心的民族精神的时代价值，深化对中国特色社会主义文化与中华优秀传统文化深度融合的认识，是我们坚定文化自信的基础。通过这种文化自信，我们的爱国核心价值才能拥有明确的内容、具体的方向和文化的表达形式，从而确保爱国情怀在新时代中的正确传承和发展。

（2）爱国情感是个人成长和发展过程中的基本情愫和持久情感

它源自个体对祖国提供的成长环境的感恩，也是对古老格言"天下兴亡，匹夫有责"的现代解读。正如一个婴儿无法脱离母亲独立生存，每个人的生活也离不开国家的繁荣稳定。我们的祖国，是我们存在的坚实基础。国家的发展状态直接影响个人的生活质量和成长环境，而个人的成才与否也反过来影响国家的未来。因此，爱国意味着珍视自己的生活，尊重自己所拥有的一切，包括成长的历史和所获得的各种机遇。此外，爱国还要求每个人都应致力于自身的全面发展，立志成为能够支撑社会的栋梁之材。这不仅是个人职业成功的表现，也是对国家贡献的体现。每个公民都应承担起为祖国服务和奉献的责任，通过自己的努力和行动来弘扬"天下兴亡，匹夫有责"的爱国精神。这种精神不仅强调个人责任的重要性，也强调在全球和国家面临挑战时个人应承担的角色和责任。

（3）爱国主义作为一个历史性概念，在不同的历史阶段展现出不同的形式和特点

其核心实质是凝聚全国人民、激发共同奋斗精神的支柱和意识形态。在传统社会中，爱国表现为个人将自己的政治抱负和思想主张奉献给国家。这种形式的爱国主义充满了"为万世开太平"的宏伟气韵和"我以我血荐轩辕"的雄壮气象。在革命战争年代，爱国主义转化为抵抗外来侵略和推翻压迫的壮举，展现了"国土不可断送，人民不可低头"的浩然正气。进入建设发展的新时期，爱国主义成为激励和凝聚人民群众自强不息、努力实现中华民族复兴的精神旗帜。它推动中国特色社会主义的伟大事业不断前进，成为五十六个民族共融共生的精神支柱和文化纽带。整体而言，中华民族的发展历程得益于一代又一代怀有爱国情怀的人士的推动和奉献。爱国主义在不同时期具有不同的面向和功能，但始终是激励中华儿女共筑国家繁荣的强大动力。

2. 友善

"友善"是中华优秀传统文化中仁爱思想在人际关系微观层面的体现，是人与人相处的基石。孔子在《论语》中提道："君子笃于亲，则民兴于仁。"他强调了家庭是仁爱的起点。如果一个人能在家庭中表现出仁爱，这种情感自然会扩散到整个社会，使社会关系和谐。中华传统文化重视家庭伦理关系，认为这是维系社会和谐的根本。家庭中的仁爱情感，如孝悌，是构建社会友善氛围的基础。《论语》亦言："孝弟也者，其为仁之本与！"表明仁爱起始于家庭中对父母兄弟的爱。如果一个人在自己的家庭中无法表达仁爱，对父母和兄弟姐妹缺乏基本的亲情，其对集体、社会、国家的爱恐怕只是空谈或形式主义。没有在家庭中实践的仁爱，社会和国家层面的爱国主义也可能变得虚假和无效。儒家思想中的"仁爱"不区分远近高下，其核心在于真诚地将爱扩展到所有人。这种爱从家庭开始，逐步扩散至社会和国家，真正体现了孔子所说的"亲仁"，即以真诚之心对待他人。孟子的"老吾老以及人之老，幼吾幼以及人

之幼"进一步强调，我们应将对自己老人和孩子的关爱同等地扩展到对他人的老人和孩子。因此，仁爱从家庭中的孝悌开始，通过家庭的小范围实践，逐渐推广到整个社会，建立起一个充满仁爱和友善的社会环境。这种由内而外的扩展方式确保了爱的真实性和持久性，而不会因距离的远近而有所差别。正如儒家经典所强调，"祭神如神在"，我们对待每一个人的态度都应如对待自己亲人一般真诚和尊重。

二、重民本

重民本是中华优秀传统文化的核心理念之一。这一思想在夏商周时期基本成形，并为后世进一步发展和运用。民本思想也是贯穿于中华优秀传统文化的一条精神主线。

（一）民本的出处及内涵

"民本"思想在中华优秀传统文化中具有深远的根基和历史渊源，源自《尚书·夏书·五子之歌》中的"民惟邦本，本固邦宁"。这句话强调，人民是国家的根基，只有这一根基稳固，国家的团结与安宁才可能实现。此外，《尚书·洪范》中的"惟天阴骘下民"描述了天的角色在默默地爱护和养育人民，进一步强化了重民安民的民本思想。

民本思想的核心在于以人民为国家之根本，认为只有把人民群众视为立国之本、治国之基，社会才能实现稳定和谐，国家才能繁荣强盛。从周代的将人视为"万物之灵"，到孟子的"亲亲而仁民"，再到宋代张载的"民胞物与"，历代圣贤都非常注重人的价值和尊严，关怀人的存在和福祉。中华传统文化中的民本思想与马克思主义的唯物史观相契合，都强调人民群众在历史发展中的主体地位，以及人作为改造自然、推动社会、提升自我中的决定性力量。

民本的核心精神是爱民，这源于对天道运行规律的理解。如《左传·襄公十四年》所言："天生民而立之君，使司牧之，勿使失性……天之爱民甚矣。"这表明君主应仿效天的行为，爱护人民，不可凌驾于民之上，使民众丧失其本性。孟子以"不忍人之心"为思想基点，认为每个人天生具有的同情心，即"恻隐之心"，应广泛推广至社会治理中，以营造"亲亲而仁民，仁民而爱物"的和谐社会。荀子也指出，"君人者，爱民而安"，彰显了通过爱民实现社会安定的民本理念。

综上所述，民本思想是中华优秀传统文化中以人民为本的体现，强调以民为本的治理精神和对人民深厚的关爱，是推动社会和谐与国家繁荣的关键。

（二）民本思想在中华优秀传统文化中的体现

中华优秀传统文化深植"以民为本"的人本精神，其中的"爱民、顺民、富民、教民、惜民"等思想体现了对人民的全面关怀。这些思想指向一个共同目标——实现民的福祉，具体表现为"惠民利民、安民富民"，这些都强调了政策的根本目的是爱民。古代文献《尚书·大禹谟》中提到"德惟善政，政在养民"，意味着治国理政的根本在于使民众得到实实在在的好处，享受安稳和繁荣的生活。这种以人为本的治理方式强调尊重和激发人民的主体性和创造性，即通过有效的政策帮助人民解决问题，确保社会的和谐稳定。儒家思想在这一文化传统中占据核心地位，始终强调对人的尊重和关怀。《论语·乡党》记载了孔子在面对家中火灾时首先关心人的安危而非财物损失的故事，典型地反映了儒家重视人的生命和尊严的人本关怀。这种关怀不仅仅是对现实中人的尊重，也体现在对个体自我提升的重视上。儒家学说认为，每个人都应致力于自身的道德和智慧修养，通过不断学习和实践达到"君子谋道不谋食"的境界。这一思想与《大学》中的"修身为本"相呼应，强调通过个人的努力实现自我超越，最终达到了解和运用生命智慧的高层次。因此，儒家学说被称为"人学"，它以人的全面发展为核心，关注人的内在成长和外在条件的改善，努力营造一个既尊重人的主体地位，又促进人的全面发展的社会环境。从孔子到荀子的思想都表明，通过个体的努力和社会的支持，每个人都能在理解人生大道的过程中实现自我超越，提升至圣人的智慧境界。

重视民本是中华优秀传统文化中的群众史观的核心展现。在这一文化体系中，特别是儒家思想里，民本思想主要通过"德治仁政"的治理方式来体现。儒家推崇德治和仁政，基于一种深层的民本价值观。以孔子为代表的儒家学派，提出了多项以人民为本的治理理念，认为只有当统治者实施德性与仁爱的政策时，社会才能达到和谐与安宁。在《论语》中，孔子提到"为政以德"和"道之以德"，强调治理者应以德性感化民众，用礼节引导社会。孔子的弟子有若在与鲁哀公的对话中进一步强调，在遭遇自然灾害等困难时期，治理者应与民众共同承担疾苦，共同面对命运，更应彰显出同舟共济的精神。只有当百姓能够安居乐业、富足安康，国家才能步入真正的稳定、繁荣和和谐发展之路。此外，施政者本身也需以身作则，成为仁爱之君、正直之士、礼仪之主和有德之圣。《荀子》中描述君王应如同度量时间的标尺，"仪正而景正"，意味着治理者自身必须具备高尚的德性，成为社会的正人贤人，从而保障社会的整体安定。这种从顶层到底层的德治仁政，不仅是儒家的治国理念，也是其深厚的民本思想的实际应用，体现了中华传统文化对人民的深切关怀和尊重。

在中华优秀传统文化中，"重民本"的核心在于赢得和保持民心。实现这一目标的基础是始终坚持"以人为本"和"以人民为中心"，并全心全意为人民服务。正如《管子·牧民》所述："政之所兴在顺民心，政之所废在逆民心。"这表明只有顺应民心，才能保全天下；人民的心向哪里，天下便归向哪里。这与《大学》中的"得众则得国"是同一理念。孔子强调，志向从政的君子士人应从"格致诚正"做起，坚持以德修身为根本，只有通过"修身修己"，才能实现"安人"和"安百姓"。孟子也曾劝告君主和统治者，在社会治理中应深切关注民众，不可对民众的疾苦视而不见，否则将走向桀纣那样的暴政而自取灭亡。孟子指出，"失其民者，失其心也"（《孟子·离娄上》），强调只有真正做到以民为本，才能赢得人民的支持和信任。民心的稳定是国家稳定的前提。如果民心不安或不定，那么国家也将无法安宁。因此，"惠民利民、安民富民"的政策要求治理者必须了解并顺应民意。正如《晏子春秋》所言："意莫高于爱民，行莫厚于乐民"，这突显了在中华优秀传统文化中，社会治理的成功关键在于洞察民情、顺应民意、凝聚民心。

（三）用民本思想涵养和培育社会主义核心价值观中的"民主""平等"

中华优秀传统文化中的民本思想核心是以人为本，体现了一种具有原创性和启蒙性的民主精神。在建设中国特色社会主义伟大事业中，民本思想已经转化为始终坚持以人民为中心的现代理念，这包括牢固树立人民至上的理念，尊重人民群众的创造精神，以及重视人民在推动历史进步和社会发展中的重要作用。中国特色社会主义的民主建设，积极融合中华优秀传统文化中的民本思想。这种思想与中国特色社会主义民主的建设密切相关，它为社会主义制度提供了文化的根基和历史的连续性。因此，中国特色社会主义民主不仅展现了社会主义政治制度的优势，也深深植根于中华优秀传统文化之中，展现了独特的思想内涵和文化自信。然而，从制度层面来看，中华优秀传统文化的民本思想并不直接等同于社会主义核心价值观中的民主概念。中华民本思想在中国传统社会政治领域中孕育了民主的基因和早期思想，尽管它与中国特色社会主义民主的现代内涵存在显著差异，但它为社会主义民主提供了丰富的文化滋养和思想资源。中国特色社会主义民主的制度化和法治化正在将民本思想赋予新的时代内涵，这不仅是民本思想向社会主义民主价值观念的创造性转化，也是确保其实现和发展的关键环节。

中国特色社会主义民主的核心在于确保人民主权，这不仅是社会主义民主政治的本质特征，也深刻体现了以民为本的文化精神。如党的指导思想中所强调，"人民当家作主是社会主义民主政治的本质特征"。同时，"想群众之所想"是我们党以民为本的生动实践。这一理念在《大学》中有所体现，描述人民为"民之父母"，而习近平总书记引用《老子》的"以百姓心为心"，进一步强调了共产党员需要从文化和思想层面深刻理解党的根本立场和初心，即"为了谁、依靠谁"。

此外，中国特色社会主义民主也表现为"爱民"，即通过群众路线密切连接党与人民的关系，如同"种子"与"土地"的依存关系。中国共产党坚持全心全意为人民服务的宗旨，代表并维护人民群众的利益，这是中国特色社会主义民主得以实现的基础。

中国特色社会主义民主政治不仅继承了中华优秀传统文化中的民本思想核心——爱民和安民，还通过制度化途径对这些传统理念进行了现代化的超越。习近平总书记提出"江山就是人民，人民就是江山"的新民主诠释，突出显示了中国特色社会主义民主的政治优势和文化特性。这种政治形态充分展现了以民为本的深层文化价值，确保了民主的实质性内容与民族的文化自信相统一。

所有价值观都植根于某种深层的文化理念，其中，"平等"的价值观依托的就是"民本"思想。"民本"不仅是"平等"的前提条件，也是其基本要求，深刻地体现了"以民为本"的思想理念。真正的"平等"只能在坚持以民为本、以人民为中心的基础上实现。这意味着，只有当重视每个人的主体性价值和人格性存在时，"平等"才具有真实和深远的意义。反之，如果偏离了"以人为中心"和"以民为本"的原则，所谓的"平等"便可能变成少数人之间的平等，失去其广泛的社会意义。在先秦时期，平等的观念便已初现端倪。墨子的兼爱思想强调对待所有人应无差别地施以爱，认为所有人都平等地属于上天的子民，不应有长幼贵贱之分。庄子在《齐物论》中进一步阐述了这种平等观念，提出世间万物在"道"的视角下都是平等的，这种平等观不限于人与人之间，还扩展到人与自然万物之间，主张"物无贵贱"。庄子的思想超越了常规的是非、善恶、贵贱的二元对立观念，认为"天地与我并生，而万物与我为一"。这种视角不仅表明人与人之间的平等，也展示了人与自然以及所有万物之间的平等。他继承并发扬了老子关于"道"的思想，推崇一种自然、普遍的平等观，即"万物一齐，孰短孰长"。这些早期关于平等的思想理念至今仍对社会主义核心价值观中的"平等"文化意涵产生深远的影响，为现代的社会政治理念提供了丰富的文化滋养和理论支撑。

三、守诚信

（一）诚信的出处及其内涵

在中华文化中，"诚"和"信"是核心的道德价值观，深刻体现了儒家的伦理思想。《说文解字》中解释，"诚，信也"，表明"诚"是一种发自内心的真实状态的流露。古人通过观察天文和四时变换，总结出"天行有常""四时不忒"的自然规律，由此领悟到"天道之诚"和"自然之诚"。人应当学习自然界的这种不变与规律性，将其内化为人际交往和个人行为的准则——"择善固执"。《中庸》中指出："诚者，天之道也；诚之者，人之道也。"这说明诚实不仅是自然的表征，而且是人类行为的基石。《孟子》亦提到："是故诚者，天之道也；思诚者，人之道也。"意味着诚实是连接天与人的桥梁，是实现天人合一的基本道德要求。"信"的金文字形由"人"和"言"组成，指一个人所说的话，也就是言语上的承诺。《说文解字》对此注解为："信，诚也。从人，从言。"表示信赖是基于人的言行一致。《墨子》中的"信，言合于意也"，进一步阐释了信赖的含义是言行一致，真实无伪。这体现了言行的一致性和内心的真实性，即做到言为心声，行为意之发，确保言语和行动在现实中的一致性与实现。综上所述，"诚"和"信"在中华优秀传统文化中不仅构建了个人的道德行为基础，也是社会交往的重要纽带，反映了从个人到社会的广泛道德要求，即诚实与信赖。这些价值观持续影响着社会主义核心价值观的形成和发展，为现代社会提供了丰富的道德资源和文化自信。

"信"这一概念在中华文化中起源于对自然天地规律的观察与信赖，认为自然的持续运行依赖于一种不变的"信"——诚信。《吕氏春秋》中提到"天行不信，不能成岁"，意味着自然界的规律性和可信赖性是四季变换和万物生长的基础。《左传》中也强调"信，德之固也"，而《周易》中的"忠信，所以进德也"进一步表明，诚信是所有道德品行的基石。古人将自然界的这种诚信原则应用于人类社会，认为"人无信不立"，强调个体的存在和社会的良性运转都离不开诚信。这种思想也是现代和谐社会构建的基本准则。在道德修养方面，诚与信是相互依存、相辅相成的关系。诚实是内心的真实状态，信守则是这种状态的自然表达。《说文解字》中，诚与信相互解释，显示二者本质的一致性。内心的诚实自然会引导人信守承诺，而实际的言行则是内心诚实的直接体现。在《逸周书》中，"信诚匡助，以辅殖财"表述了诚信不仅是个人的道德修养，也是社会和经济发展的助力。自然界的"天行有常""四时不忒"

是自然诚信的体现，而将诚信内化为个体的行为准则，则是《大学》中的"诚于中，形于外"和《中庸》中的"唯天下至诚"。总之，诚信不仅是自然运行的基本法则，也是人类行为的基本原则。通过将诚信内化于个人心性，社会和自然界才能维持有序与和谐，这是儒家将诚信视为修身、治国、平天下的根本之道。

（二）用诚信思想涵养社会主义核心价值观"诚信""敬业"

诚信是社会主义核心价值观在个人层面的重要内容，也是中华优秀传统文化中极为推崇的美德。社会主义核心价值观中的"诚信"继承并发扬了中华优秀传统文化中的诚信思想。

在社会主义核心价值观中，诚信建立在个体内心真诚的基础上。这种真诚，即诚心，指的是内心的真实与不虚伪，不仅不欺骗自我，也不欺骗他人。正如《增韵·清韵》所言："诚，无伪也。"有了诚心，个体才能树立起诚信。这种诚信不仅构筑了光明磊落的人格基石，还能激发真诚友爱的人格魅力，进而营造一个诚实守信、重信守诺、言行一致的和谐社会氛围。《孟子·尽心上》中提到："反身而诚，乐莫大焉。"说明通过不断自我反思和内省，个体可以维持一种真诚无伪的状态，享受内心的安宁和精神的愉悦。诚信不仅是个体内在优良品格的体现，也是主体修身的基本要求，是构成道德主体不可或缺的人格品质。正如《论语·颜渊》中所述："民无信不立。"在中华优秀传统文化中，先贤们将诚信看作人的内在规定性和本质特征，是个体立身处世的根本。在《论语·为政》中，孔子比喻道："人而无信，不知其可也。大车无輗，小车无軏，其何以行之哉？"强调如果一个人不守信，其生活和事业将难以进行。新时代的公民道德建设强调"心诚"为实现诚信的首要条件；只有心存诚实，个体才能保持身心和谐，诚实做人才能心灵安宁。相反，虚伪将带来内心的痛苦与冲突。因此，诚信不仅是日常生活中的必备品格，也是处理个人、与他人以及与社会关系的道德基石，体现在"勿自欺"即为"诚"，"勿欺人"即为"信"的原则上。

诚信是社会和谐及治国理政的道德基石。在《论语·颜渊》中，孔子强调，即使在物质极为丰富和军事力量雄厚的情况下，诚信也是最关键的要素。他提出，即便是在"去兵""去食"的情况下，也绝对不能放弃诚信。这表明，孔子认为诚信不仅赋予个体人格力量，也为社会带来和谐的能量。"无信不立"不仅是对个人的教导，也是治理国家的重要准则。正如《论语》所述："道千乘之国，敬事而信。"在全球化时代，诚信作为社会主义核心价值观之一，不仅是国内社会和谐的基础，也是国际关系中处理政治互信的基本原则。

此外，"敬业"也深受中华优秀传统文化中诚信思想的滋养。传统文化中的诚信思想在人的行为上体现为诚信，而在职业行为上则表现为"敬业"。《礼记》中提到"三年视敬业乐群"，表明"敬业"一词的历史渊源。敬业源于内心的诚，如果没有内心的诚，对世间万事万物都不可能存有敬意。如《广雅》所述："诚，敬也。"表明诚信思想的另一表现是敬，涵盖尊重、谨慎、虔诚等多种意义。《周易·坤·文言》中的"君子敬以直内"进一步说明，这种敬建立在真诚正直的基础上。《周易·乾·文言》提出："修辞立其诚，所以居业也。"诚是完成各项任务的前提，无论是学业、家业、职业还是事业，都必须首先坚守诚信，以真诚的态度敬业，才能确保事业的稳定和长远发展。因此，敬业是所有职业发展的基础，是成功和成就事业的根本。

"敬"在中华优秀传统文化中不仅包含"诚"的意义，还包含"畏"的意义，形成了"敬畏"的概念，即始终保持一种敬畏和警惕的心态。这种敬畏源于古人对天的尊崇，如在儒家思想中体现为对天命和天道的敬畏。孔子在《论语·颜渊》中讨论社会治理时提出，物质丰富和军力强大虽重要，但核心仍是内在的"诚信"。他强调，"无信不立"，即信任是国家治理的根本。即使在资源匮乏的情况下，诚信依然不可或缺。孔子认为，成为真正的君子应具备"三畏"，其中之一便是"仰不愧于天"，表现为对天的敬畏。董仲舒也曾警告，不敬天将招致隐形的灾祸。这些教导均强调，无论从事何种活动，都应持有诚挚和敬畏之心，这种"敬畏"精神是敬业精神的核心，体现了对职业的尊重和专注。

"敬"不仅是天生的品质，而且需要通过后天的修养和努力来培养。孔子在《论语·宪问》中提出"修己以敬"，强调通过内心的修为来实现对外的敬业。敬业也关乎专一和专注，这在《礼记》中有所体现，指出敬业能够促进学习和工作的专注，是成功的关键。敬业是中华优秀传统文化中"诚信思想"的一个重要方面，表现为在工作和生活中的诚实和尽责。社会主义核心价值观中的"敬业"强调在自我提升和社会实践中恪守职责，追求卓越。这种价值观不仅是个人职业行为的标准，也是新时代中国特色社会主义职业精神的体现。劳动是社会进步的基石，具有创造性和生成性，不仅塑造了个人，也塑造了民族的精神。改革开放以来，劳模精神、劳动精神、工匠精神等都是诚信思想的现代表现，是"敬业"的具体实践。敬业精神在建设社会主义现代化强国的过程中尤为重要，它不仅是时代精神的体现，也是推动社会全面发展的动力。在全民族复兴的征程中，敬业精神鼓舞人们以专注和奉献的态度贡献自己的力量，展现了新时代公民的价值追求和行为准则。

四、崇正义

（一）正义的出处以及内涵

正义思想在中华优秀传统文化中占有核心地位，其本质是对"义"（繁体字"義"）的重视和崇尚。"义"是儒家提倡的"五常"之一，也属于"礼义廉耻"四维的一部分。从甲骨文来看，"义"的上半部分是"羊"，代表祭祀中的牺牲品，下半部分是"戈"字的变形，象征用于祭祀的礼器。这两个部分结合，象征在祭祀过程中恰当地使用礼器分割牺牲羊，意指在正式场合中适宜而庄严的行为和仪式。因此，"义"强调对事物和利益进行公正适宜的分配，是行为合宜和符合礼仪的体现。

《礼记·中庸》中解释"义者，宜也，尊贤为大"，《周易》中的"利物足以和义"，均展现了"义"的基本含义是合乎时宜、符合事宜的行为，使人感到恰当合适。这种"合宜"的概念展现了"义"的主观性维度。进一步地，"义"还内含"正义"的概念。"义者，正也。"（《墨子·天志下》）孟子定义"义"为"人之正路"，指引人们走正道，反对歪门邪道的行为。这里的"正道"是价值公正的标准和法则，强调行为的客观性、公众性和群体性，即遵循天道和人伦的正道进行行事。在古代文献中，"正义"这一概念最早在《荀子》中以动宾结构出现，表示通过行为来维护义的公正状态。如"行义以正"（《荀子》）说明了通过实践来确保义的正确性。随着语言的演变，"正义"从动宾结构演化为偏正结构，形容词"正"用来修饰名词"义"，表达公正无私、合乎大众利益的行为，成为社会道德的标准。因此，正义在中华传统文化中不仅是一种道德追求，也是实现社会和谐与公正的重要价值观，体现了中华传统文化在社会发展和个人行为指导上的深远影响。

（二）正义思想在传统文化中的体现

在儒家思想中，"义"是君子人格的核心构成部分，被视为个人品格的基石。孟子将"义"视为人与禽兽的区别，认为它是人之所以为人的根本标准和内在依据，具有天生的、根本的和内在的特质。《论语》指出"君子喻于义"，强调君子的行为和决策都应以义为导向，体现其为人处世的基本法则。因此，没有"义"的人不能称为君子。"义"作为个人行为的准则，孟子描述为"人路"，即人们在社会中行走的道路。它不仅是个体行为的指南，也是社会道德的尺度和轨范，体现了人间的正义和社会的良知。作为行为准则，"义"指导个体如何在社会中合理行事，确保每个行为都符合道德和正义的要求。

此外，孟子的"四端"理论中提到，义的感知始于"羞恶之心"——一种内在的、对不道德行为的自然厌恶。这种感觉是维护尊严、遵守道德的起点，标志着一个人从基本的道德感知迈向更高层次的道德实践。从社会功能角度看，"义"也是安身立命的基础。如《礼记·儒行》所述："不祈土地，立义以为土地。"意味着"义"本身就是人们立足社会的根基，不依赖物质条件。《周易·系辞传下》中的"禁民为非曰义"进一步阐释了"义"的社会作用，即通过禁止不正当行为，维护社会秩序和道德规范。

"义"在中华优秀传统文化中是一个重要的道德观念和社会价值衡器。荀子提出的"公义胜私欲"中的"公义"，代表社会公德，即整个社会共同遵循的价值规范。这些规范不仅存在于社会结构中，而且外化于社会个体，对人们的道德观和价值判断起到了重要的规制和导向作用。正如《礼记·乐记》所述"义以正之"，"义"在道德和价值领域中维护并调节社会整体利益，培养社会良知，规范行为，纠正偏差。

孔子强调君子应"见得思义"和"见利思义"，这是《论语》中的核心观点。这表明个体在追求财富和地位时，必须考虑其行为是否符合社会的公义和正义。只有符合公义的收益才能使人心安理得；反之，违背公义的所得则为社会所不容。孔子自己也说："不义而富且贵，于我如浮云。"这反映了在中华传统文化中，"义"被广泛认同为一种价值导向，是社会良性运转的坐标，具有整合社会并推动其正向发展的功能。

此外，"义"也体现了社会主体的责任感。《论语·微子》中提到，君子在社会治理中应"行其义"，意味着所有的决策和行动都应当遵循社会道义，不能有违信义。真正的君子在处理公共事务时，必须将个人的利益置于社会责任和公共利益之后，考虑的应是国家和民族的整体利益。孔子进一步将"义"比作至高无上的"天"，强调面对社会和国家的责任时，君子应舍小利为公利，"苟利国家，不求富贵"（《礼记·儒行》）。

综上所述，"义"作为儒家的核心价值观，不仅规范了社会行为和秩序，还强调了承担社会责任和完成历史使命的重要性。它不仅是一个道德标准，而且是一种深厚的社会责任感和广泛的使命感的体现，显现了中华优秀传统文化中的深层价值。

（二）"正义思想"涵养核心价值观中的"富强"和"公正"

"崇正义"作为中华优秀传统文化的核心理念之一，深刻影响着个人行为和社会治理。孔子在《论语》中提出"君子义以为上"，强调无论个人行为还是事业创立，都应以义为指导原则。正义不仅涵养个体的道德品格，还规范个人行为，树立正确的价值观，并承担相应的社会责任。相较于"守诚信"的个人真诚和真心，"崇正义"更强调公正无私和大义。中华传统文化中的"正义思想"代表一种历史性的社会价值导向，融合了历史抽象与现实具体的元素。无论在任何时代背景下，判断正义的标准都在于其是否符合历史发展的规律和大多数人的根本利益。

在社会主义核心价值观的"富强"维度中，"正义思想"提供了重要的文化支撑。"义以生利，利以丰民"（《国语》）表明，坚守正道和道义是国家富强的基础。这里的"义"意味着公正和道德规范，"生利"是指创造和积累财富，最终通过合理分配使民众受益，从而达到国富民强的目标。无论是"利以丰民"，还是《左传》中的"义以生利，利以平民"，都强调了通过公正的方式创造和分配财富，以此实现国家的富强和民众的富裕。

"正义思想"也是社会主义核心价值观中"公正"的基础。在中华优秀传统文化中，正义要求社会治理必须符合广大民众的利益和人类社会的发展规律。"义，人之正路也"（《孟子·离娄上》），即公正无私的行为标准，是执政者的行动准则。所有物质财富的获取和使用都应遵循正义，确保其合法性和公正性，这是中国特色社会主义制度的制度保障。中国特色社会主义核心价值观的公正原则，体现在以人民利益为最高追求，确保所有政策和行动都为人民带来实际利益。

社会主义核心价值观中的"公正"体现了中国特色社会主义的本质。公正是人类社会长期追求的一种价值，被视为理想生活的核心目标。古语有云"大道之行，天下为公"，描绘了中国传统社会对公正的理想期望。历史上，不同文明阶段对公正的理解和表现各有不同，但其核心始终是公平合理地分配资源，以确保社会的良性运作和和谐发展。马克思主义的唯物史观强调，公正观念是具体的、历史的，与社会各阶层或团体的经济地位和利益诉求密切相关。在社会主义社会，公正追求的是最广大人民的根本利益，核心在于按公平合理的标准分配权利和义务，并通过社会主义的制度体系确保和实现这些利益诉求。

中国特色社会主义核心价值观所倡导的"公正"，不仅继承了中华传统文化中的正义思想，还强调"以人为本"和"以人民为中心"的价值理念。与此相对的是资本主义社会的公正观，这种公正建立在资产阶级利益之上，以资本逻辑和商品经济的等价交换原则为基础，实际上掩盖了对劳动者和无产阶级的剥削及不平等。"公正"的实现在中国特色社会主义中得到了制度保障。依托公有制主体和按劳分配的基本经济制度，结合不断推进的社会治理现代化，中国不仅保证了社会生产力的优质发展，而且通过合理的分配机制，扩大了中等收入群体的比例，有效避免了社会不公和分配不平的问题。这种制度安排持续满足人民对美好生活的需求，并构建了一个更加公正合理的社会环境。

中华优秀传统文化中的正义思想与社会主义核心价值观中的"公正"和"富强"具有密切关联，核心在于正确处理"义"与"利"的关系。在传统文化中，"义"与"利"构成了生活实践中的基本矛盾对，它们不是完全对立的，而是形成一个统一体。现实中，对"义"与"利"的不同取向不仅塑造了个人的人生观和价值观，还决定了其生活轨迹。这些哲学范畴的处理方式也反映了治理国家的不同理念。

孟子在与梁惠王的对话中表达了这一点："王亦曰仁义而已矣，何必曰利？"他并未否认"利"的重要性，而是强调在"义"之后考虑"利"，反对将利益置于义务之前。孟子认为，如果治国理念是先利后义，将导致贪得无厌的后果，从而强调"义为利先"的治国原则。在他看来，正义是国家富强和执政合法性的根本前提，"义"与"利"是不可分割的两面，正义的路径自然带来合理的利益。

在新时代中国特色社会主义中，"公正"和"富强"体现了这种义利观。市场经济中的利益追求可能导致人们价值观的扭曲，偏向于物质主义和功利主义，从而忽视了"义"的重要性。然而，社会主义的优越性在于能够平衡这两者，通过科学合理的方式分配财富。在这个视角下，"富强"与"公正"是相辅相成的双面：只有在确保社会公正的基础上扩大经济总量（"富强"），社会的公正才能得到实现，反之亦然。

因此，"富强"是增加财富的过程，"公正"是确保这些财富公平分配的过程。社会主义核心价值观强调，真正的社会发展应在富强的基础上实现广泛的公正，这样的社会才能真正体现社会主义的本质和优势。这种价值观不仅是社会主义的应有之义，也是其必然的价值追求，确保了国家的全面和谐发展。

五、尚和合

"和合"是中华优秀传统文化中的核心概念之一，源自古代的"和"文化。这一概念体现了中华民族对中和、和睦、和平与和谐的深厚热爱与持续追求。中华文明，拥有逾五千年的悠久历史，始终将和平视为其根本追求。这种对和平与和谐的追求已深深扎根于中华民族的精神世界，并融入中国人民的血液之中。"和合思想"不仅是中华文化的一条主要纽带，而且深刻影响着中华民族的集体意识和整个炎黄子孙的精神世界。这种思想强调的是万事万物相处的和谐，以及在人际交往和社会关系中寻求平衡与共处之道。

（一）"和合"的出处及其内涵

"和"字的本义与音乐紧密相关，其金文形态由"口"（表示言说）和"禾"（作为"龢"音的表达，指多管乐器）组成，象征着音乐中的和谐节奏。初源于音乐的"和"，表示事物间的节奏和谐，进而被广泛应用于描述不同人或事之间的相辅相成和协调统一。这种用法强调异质间的互补，彰显诸异合璧的社会价值。与之相对的"合"，在甲骨文中象征着器物与其盖子的匹配，意味着封闭和完整，后来演变为事物间一致性和匹配性的象征。这表明"合"关注的是同类事物间的自然聚合和统一。

"和合"这一术语最早出现在《国语·郑语》中，描述的是商契能够融合五种教育方式，以达到社会和谐。此外，如管仲及墨子的使用，表明"和合"不仅关乎外在的物理状态，而且深入人与人之间心灵的交融与一致。佛教中的"和合"概念也强调了事物间因缘关系的密切配合，展现了一种因果关系中的内在协调。

综上所述，"和合"概念在中华优秀传统文化中具有丰富的内涵，从音乐的和谐到社会的统一，从人际关系的融洽到宇宙间的均衡，都体现了这一思想的广泛应用和深远影响。其核心在于推崇一种动态的均衡和谐状态，旨在维持社会与自然的持续平衡。

（二）和合思想在中华优秀传统文化中的体现

"尚和合"是中华优秀传统文化中的一个重要思想理念，深植于古老的"和"文化之中。"和"的概念富含深刻意义，代表了中华民族先贤们在实践中对世界的智慧理解。它不仅贯穿了中华文明的发展历程，还显著体现在不同时期各思想流派的学说中，成为具有民族特色的文化观念和思想理念。

和合思想是"天人合一"哲学观念的具体展现，源自古代中国先贤对人与自然关系的处理。这一观念视人与自然为一个有机的生命共同体，揭示了人与自然之间的密切联系和内在统一，强调人是自然的一部分，自然是人存在和发展的基础。如《周易》所述"与天地合其德"，人类应顺应自然法则，敬畏自然，避免在对自然的改造中违反其规律。

和合思想的核心在于和谐。在中华文化的悠久历史中，和合观念一直是中心主题。《尚书》提出"百姓昭明，协和万邦"，主张人与人、国与国之间的和顺互动与和谐交往。自先秦时期起，众多学派便频繁引用"和"来表达其文化思想和学说，如老子所说的"知和曰常"，孔子强调的"和为贵"，以及《周易》中的"保合太和"。《中庸》将"和"视为自然和宇宙的至高法则："和也者，天下之达道也。"庄子则认为，与人和谐是人间之乐，与天和谐则是天上之乐。从历史文献《左传》中的"如乐之和，无所不谐"可以看出，和合思想的本质在于实现全面的和谐。这一思想不仅是中华民族文化的精髓，也为现代社会提供了追求和谐共生的哲学基础和价值导向。

"和合"在中华优秀传统文化中代表着不同事物之间动态平衡的哲学概念。它不是静态的一致性，而是通过不同元素的相互作用和制衡达到的一种新的平衡状态。从马克思主义哲学的视角看，"和合"体现了事物内部矛盾的两个方面在特定条件下的具象统一，展示了事物之间的相辅相成、相互协调和共同发展的辩证统一性。这种关系不仅是斗争性的，同时也是同一性的，如同《晏子春秋》中记述的齐景公与晏婴关于"和"非"同"的讨论，晏婴通过用不同调料制作美味羹汤来阐释"和"的本质。

和合思想强调的是万物的协调成长和自然发展。在中国古代哲学中，"和合"被视为促进万事万物自然而然成长的条件。例如，《国语·郑语》中提出的"和实生物"，表明只有在和谐的状态下，万物才能生长繁衍。《中庸》中的"致中和"，荀子的"万物各得其和以生"，均说明事物在和谐相合的状态下才能有效生长和变化，从而促进社会的有效治理和世界的多姿多彩。这些古典文献共同强调了"和合"不仅是维持自然界和社会秩序的关键，也是推动生命力与创造力的根本。

因此，"和合"不仅是一种文化理念，也是一种实现天下大治与社会稳定的重要哲学基础。它教导我们在多样性中寻找统一，在差异中寻求协调，以形成一个既具斗争性又富同一性的动态平衡状态。通过这种平衡，社会能够和谐发展，万物能够顺利生长，形成一个富有生命力的和谐世界。

（三）和合思想涵养社会主义核心价值观中的"和谐"

和谐是人类社会发展中一直追求的理想状态。它体现了人们对未来理想社会的愿景以及对现实生活的价值诉求。在科学社会主义理论出现之前，受限于各种社会形态的内在局限性，人类很难实现真正的和谐社会。马克思主义的唯物史观指出，真正的社会和谐及人的自由全面发展只可能在共产主义社会中实现。马克思描述的共产主义社会是"人与自然界之间、人与人之间矛盾的真正解决，存在与本质、对象化与自我确认、自由与必然、个体与类之间斗争的真正解决"的社会。在改革开放后的中国特色社会主义实践中，中国共产党成功实现了全面建设小康社会的目标，为构建和谐社会和实现共同富裕奠定了坚实的基础。中华优秀传统文化的核心包括对和谐的崇尚，这一理念已经深深植根于中华民族的精神世界，并成为中国特色社会主义建设的明显价值取向。通过和合思想，我们可以从多个维度（包括主体与自我、与自然、与社会以及国家与国家之间的关系）来深化对社会主义核心价值观中"和谐"概念的理解和实践。

社会主义核心价值观中的"和谐"首先体现在个体内心的道德修养上。中华优秀传统文化强调个体正心修身的重要性，主张通过个人道德修养实现"止于至善"的境界。《晏子春秋》中的"心平德和"观念，以及《周易》中的"君子以自昭明德"，均强调通过个人的自我修炼达到内心的和谐状态。《尚书》中的"百姓昭明，协和万邦"表明，只有每一个社会成员都达到道德的光明和和谐状态时，整个国家才能实现真正的和谐。因此，个人内心的道德和善不仅是社会和谐的基石，也是推动社会整体进步的关键。

社会主义核心价值观中的"和谐"不仅体现在社会层面，也深刻体现在人与自然的和顺相处和和谐共生的自然观中。中华文明自古以来就秉承"道法自然"和"天人合一"的理念，这些思想深刻影响了中华民族对自然的看待方式和与自然的交往方法。例如，《周易》中的八卦代表了自然中的天、地、风、雷、水、火、山、泽等元素，展现了天地人三者的和谐统一，即"天人合一"。随着现代化和工业化的推进，自然资源的过度开发导致了人与自然的关系日益紧张。在这种背景下，中华优秀传统文化中的"道法自然"与"天人合一"的观念为我们解决这一矛盾提供了宝贵的思想资源。这要求我们在改造自然和开发资源时，应"尊重自然、顺应自然、保护自然"，以达到人与自然的和谐共生。中国特色社会主义的强国建设和民族复兴之路坚持继承和发扬"尚和合"的文化理念，将"和谐"价值观贯穿于改革发展的全过程。这不仅是为了满足人民群众对美好生活的向往，也是为了确保人与自然能够和顺相处、和谐共生，共同促进社会的整体进步和生态的持续健康。

社会主义核心价值观中的"和谐"不仅体现在个体与自然的相处上，而且广泛地体现在社会和谐运行的社会观上，特别是在处理人与人之间的关系方面。马克思将"社会关系总和"定义为区分人与动物的关键特征。在市场经济和功利主义的影响下，个人主义盛行，人际关系和社会联系中的利益冲突日益明显，对社会和谐构成了严峻挑战。中华优秀传统文化中的"和合"思想为处理这些问题提供了独特的智慧。它建议在尊重每个主体"差异"的同时，也要考虑到整体社会的共同利益。儒家思想特别强调"和为贵"，认为社会和谐是解决人际矛盾的关键。列宁对此也有具体实践，他提出"人人为我，我为人人"的理念，这不仅解释了每个人的个体差异和利益需求，也强调了个体作为社会和集体一部分的责任。这种理念体现了个人利益与集体利益的辩证统一，是实现社会和谐的哲学基础。作为社会主义核心价值观的一部分，"和谐"是对理想社会状态的追求，也是人与人、人与社会之间互动关系的构建过程。这种价值追求不仅仅是理念上的设想，还要通过具体实践来体现和实现，确保每个人都能在社会中找到属于自己的位置，共同推动社会向更和谐、更公正的方向发展。

社会主义核心价值观中的"和谐"也体现在国际关系的处理上，尤其是在构建人类命运共同体的理念上，这与中华优秀传统文化中的"和合思想"不谋而合。中华文明历来推崇"和而不同"和"协和万邦"，这些理念在今天的国际政策中转化为开放合作和推动构建人类命运共同体的现代表达。这种思想不仅是中华文化的传统，也为全球化时代下人类面临的共同挑战提供了独特的解决方案。"和谐"在国际交往中尤为重要，体现了中华优秀传统文化对国家间交往的基本态度，即"和也者，天下之达道也"（《中庸》）。习近平主席在多个国际场合强调了中国的和平发展道路和和合理念，如 2014 年在柏林的演讲中强调，中国走和平发展道路是中华民族热爱和平的文化传统的继承和发扬，是中国人民从自身经历中形成的自觉选择，是思想自信和实践自觉的有机统一；2019 年在亚洲文明对话大会上，他再次提出"亲仁善邻、协和万邦"是中华文明一贯的处世之道。这种国际关系观，即"协和万邦"与"人类命运共同体"相结合的思想，是基于对全球化和人类历史发展规律的深刻理解而提出的，具有鲜明的中华文化特色和全球治理视角。这不仅展示了中国特色社会主义核心价值观"和谐"在新型世界秩序构建中的实践，也反映了中华文化在全球舞台上的影响力和贡献。

总之，社会主义核心价值观中的"和谐"是中华优秀传统文化"和合思想"的当代传承与发展，涵盖了从个体内心到人与自然的和谐共生，再到社会和国际层面的广泛应用。这一系列文化理念和价值追求不仅塑造了中华民族的集体意识，也为解决当今世界的复杂问题提供了独到的视角和方法。

六、求大同

自古以来，中华文化中便深植有"天下大同"与"自由生活"的理想愿景。习近平主席在多个国际外交场合频繁提及并深入阐述了这一思想，强调"天下太平、共享大同"是中华民族千年来的恒久追求。中国共产党在国内致力于建设和谐社会；在国际上，则抱有"为世界谋大同"的宏伟蓝图，将"大同"理念融入中国的全球治理战略中。这一概念已成为中国特色大国外交话语体系中的核心元素，展示了中国在全球舞台上的文化自信和国际责任感。

（一）"大同"的由来及其内涵

"大同"这一概念最早见于《礼记》，其中对未来社会进行了理想化的描绘，构建了一种影响至今的社会理想——"大同"。在这个理想的"大同社会"中，全社会遵循天道、公正、正义；人们共同努力创造并分享社会财富；社会中的贤者能得到适合自己的位置，发挥各自的才能；人与人之间诚实守信，邻里间礼貌互助，和谐相处。在大同社会，仁爱不局限于亲人，而是扩展到对所有人的关爱。社会上的老人、儿童、贫困者、孤独者、残疾者都将获得应有的关怀和支持。劳动者可以通过自己的工作彰显自我价值，适龄男女自由结合；资源不被浪费，不会被非法占有。人们自觉为公共利益付出，不追求狭隘的私利。在大同的理想状态下，不良之风无法滋生，社会秩序井然，无须需锁门闭户。这种理想状态体现了"仁义礼智信"的五常美德，反映了人们对和善、平等、共享财富、自由和安宁的生活的渴望。大同社会是中华优秀传统文化中儒家思想追求的最高理想，标志着社会发展的最高阶段，代表了一个全面和谐、公正自由、安居乐业的社会。

在中国传统文化中，"大同"思想是关于内心精神超越与对理想生活状态的追求。在这种思想视角下，每个个体都被视为具有圣贤般的纯净内心、高尚德性和完善品格，每个人都心怀仁爱与责任感。此外，个体无私欲念，自我消弭贪婪，以实现物尽其用和人尽其力的社会状态，如孔子所说"己欲立而立人，己欲达而达人"。这种境界主要从思想和观念角度出发，因为传统上倡导的大同社会在物质和制度基础上并不充足，带有一定的乌托邦特色。然而，只有当社会生产力及个体修养达到较高水平，社会制度不断完善时，大同社会的理想才可能实现。在中华文化中，儒家的"从心所欲不逾矩"，道家的"逍遥游"，佛家的"禅定自在"，均反映出一种心灵自由的理念，其本质是个体心性修养与德性成就的结果。个体对自我本性的理解越全面、深入，其内在自由度越会提高。这种修养追求的是个体与自然法则的和谐共融，即人道与天道的完美结合。它涉及对自然客观规律的理解与对内在主体能力的提升。只有在充分认识到这些规律性和必然性的基础上，我们才能科学地指导实际行动，预见并设计实现社会目标和个人理想的最优路径与制度框架，最终实现真正的个体和社会自由。

（二）大同思想对社会主义核心价值观"自由"的涵养

自古以来，中华民族便怀抱着对自由理想社会的渴望，这种理想社会在中国传统文化中被称为"大同"。大同社会是古圣贤们基于社会发展实践，对未来美好生活的愿景。它不仅体现了人文关怀，还代表了对人的现实存在的终极关照。在《礼记》中，大同社会被描述为一个和谐且自由的社会，这与马克思描述的"自由王国"有着相似的理念。"中华民族的先人们早就憧憬着一个物质富裕和道德高尚的大同世界。"

这种社会理想将超越地域限制，成为人类共同的终极追求。在大同社会中，每个人都能自由自在地生活，实现全面发展，个体的生存、生活、尊严及自由都将获得社会的充分保障。同时，所有私欲利己、违礼背德的行为也将消逝。大同思想核心的一部分是对生活自由的追求，使社会中的每个主体都能得到充分的发展并找到自身存在的价值和目的。它预设的"自由"并非无约束的随意行为，而是在"天下为公"的基础上，按照"天道"从心所欲而不逾矩的高度自由。这种自由，深植于对和谐社会的追求与构建人类命运共同体的理念之中。

社会主义核心价值观中的自由是建立在深入理解和科学掌握人类社会进步发展规律、社会主义建设规律以及中国共产党执政规律的基础上。根据马克思主义的实践观，真正的自由建立在人们对自然和社会规律的认识、把握及其科学改造的基础上。马克思精确描述了人类社会发展的三个阶段，每个阶段的自由状态不同。在自然原始社会，由于生产力水平低下和对自然规律的认识有限，加之社会压迫普遍存在，人们缺乏真正的自由。到了资本主义阶段，尽管生产力有了发展，人们表面上看似独立，但实际上仍受制于资本逻辑的奴役，工人阶级变成了资本增值过程中的商品，这种社会虽有形式上的自由，但人与其劳动的产品之间的异化关系使得他们缺乏实质的自由。只有进入共产主义社会，当生产力得到极大解放和财富被广泛共享时，个体才能根据自己的兴趣和能力自由地从事劳动，真正实现自我价值，从而克服资本主义下劳动的异化。共产主义社会提供了一个批判资本主义严重异化现象和实现人的全面自由发展的理想范式。中国共产党自成立之初就坚持共产主义信念，始终秉持"以人民为中心"的原则和"全心全意为人民服务"的宗旨，通过社会主义革命、建设和改革不断探索实现社会主义自由的最佳路径。进入新时代，党继续引领全国各族人民坚定不移地走中国特色社会主义道路，致力于在实现自由的社会主义美好未来中进行科学探索和不懈努力。这些努力展现了中国特色社会主义的宏伟蓝图和追求"大道之行"的坚定决心。

社会主义核心价值观中的自由得到了实质性的制度保障，体现了对人类社会进步的深刻理解。自由，作为人类共同追求的价值，受到不同社会制度和形态的历史性影响，因而呈现出多样的内涵。资产阶级虽为争取自由做出历史性贡献，但其推崇的自由局限于生产资料私有制，是基于市场和资本逻辑的有限自由，这种自由服务于资产阶级少数人，带有历史狭隘性和阶级虚伪性，其实是一种消极的、形式化的自由。相较之下，社会主义所倡导的自由是全面而真实的，建立在生产资料公有制之上，以人的全面发展为目标，覆盖全体劳动者，通过社会主义制度体系得到保障。这种自由是积极的、实质性的，充分体现了"以人为本"和"以人为中心"的价值导向。社会主义消除了生产资料私有制这一不自由制度的根源，同时提供了丰厚的物质基础和实质性的制度保障，确保人们的自由全面发展。随着社会主义社会保障制度的不断完善，每个人，包括社会的弱势群体，都能得到基本的生活保障，实现"男有分，女有归"，人人在各自的领域内能展现自我价值，体现自由。马克思设想的共产主义社会——一个"自由人的联合体"中，人们的劳动将转变为实现自我和证明自我的方式，不再是单纯的生存手段。在这个理想的"自由王国"中，人的劳动是自我表达的方式，彻底摆脱了异化的束缚。社会主义劳动不仅是个人价值的体现，而且是推动社会向更高发展阶段迈进的重要力量。这种劳动态度——"不必为己"，不仅成就了个体的自身，也是个体自由和存在的真实体现。社会主义的民主政治制度和社会保障体系为这种自由提供了坚实的制度保障，确保每个人都能在社会中找到属于自己的位置，实现自由和个人价值的充分发展。

中华优秀传统文化中的大同思想为构建理想社会提供了精神寄托和理想路径，指引人们向往并追求自由美好的生活。然而，大同思想也存在其理想性和局限性，尤其是在忽略实现理想社会的现实物质条件方面，使其趋向于乌托邦的状态。尽管如此，但大同思想为我们从传统文化的视角理解社会主义的自由概念提供了基础，并激发了追求自由的精神和自我意识。马克思主义的自由观提出，在一个物质极为丰富、社会组织成为"真实的集体"的共产主义社会中，自由将得到真正的实现。这种自由是实际的、普遍的，并为全体劳动者所共享，它是与人类发展的需求和社会进步的规律相符合的，能够真实地反映人的本质。在未来的共产主义社会，我们将克服以往社会自由观念的虚妄和空想，实现一个具有真实性、客观性和思想性的社会状态。在这种状态下，每个个体都能充分地发展自我，每个人都将正确理解自身与社会的利益，社会主义核心价值观将成为每个人内心坚定的价值准则。在社会主义社会中，个人利益与集体利益、个人自由与集体自由、个人发展与集体进步、个体成长与社会和谐将达到辩证统一。社会主义核心价值观中的"自由"不仅关乎个体自由的实现，也涉及社会整体自由的达成。然而，实现这一目标是一项艰巨的历史任务和复杂的系统工程。在社会主义初级阶段，我们必须实事求是，从实际出发，通过不断解放和发展生产力、完善社会主义民主制度，不断提升个人的道德修养和文化素质，逐步实现社会主义自由的价值诉求和终极目标。在这一过程中，个体和集体的自由发展将互为条件和支撑，共同推动社会向更高的发展阶段前进。

第六章 思政课与中华优秀传统文化融合的教学案例

第一节 小学思政课教学与中华优秀传统文化融合案例

一、小学生思政课学习的特点

小学生的思政课教育是培养和塑造青少年正确世界观、人生观和价值观的重要环节。在小学阶段，思政课不仅要传授知识，还要重视对学生行为习惯、思维方式和情感态度的引导。

（一）形象直观的教学方式

小学生年龄较小，注意力集中时间有限，抽象思维能力尚在发展阶段。因此，思政课的教学往往采用形象、直观的方式，如故事讲述、情景模拟等方法，帮助学生理解和消化道德规范和社会责任。通过具体的案例和生动的故事，使复杂的思政知识变得简单易懂，更容易被学生接受和理解。

（二）注重价值观的培养

小学阶段是价值观初步形成的关键时期。思政课重在培养学生的社会主义核心价值观，通过讲解诚信、友善、公正等基本道德规范，引导学生形成正确的是非观念。教师会通过多种互动方式，如讨论、角色扮演游戏等，让学生在实践中学习如何应用这些道德规范，从而内化为自己的行为习惯。

（三）寓教于乐的学习环境

对于小学生而言，兴趣是最好的老师。思政课程设计遵循"寓教于乐"的原则，通过歌曲、舞蹈、画画等多种形式融入教学内容中，使学生在轻松愉快的氛围下学习。这种方式不仅能提高学生的学习兴趣，还有助于知识的深入理解和长期记忆。

（四）强调实践和体验

思政课程强调知行合一，鼓励学生将课堂上学到的知识应用到日常生活中。通过组织社会实践活动，如参观历史博物馆、开展社区服务等，使学生在实践中感悟道德的重要性，体验合作与共享的快乐，进一步深化对思政课内容的理解和认识。

（五）发展适应性教育策略

考虑到不同年龄段学生的认知水平和心理发展特点，思政课程内容和教学方法都有相应的适应性调整。教师会根据学生的实际情况灵活采取不同的教学策略，以满足他们的学习需要，确保教学效果。

总结来说，小学生的思政课学习特点主要体现在采用形象直观的教学方法、注重价值观培养、创建寓教于乐的学习环境、强调实际体验和根据学生特点发展个性化教育策略上。这些特点共同作用，目的是帮助小学生建立起正确的世界观、人生观和价值观，为他们的全面发展奠定基础。

二、《道德与法治》课程案例

【教学题目】

团团圆圆过中秋

【教材分析】

本课程"团团圆圆过中秋"取自人教版小学《道德与法治》二年级上册，是第一单元中的第四课。此课作为单元中探讨节日的核心课程，承上启下，连接前三课关于假期的学习内容，并深入到中秋节这一重要传统节日的全面认识。

【教学目标】

（一）知识目标

1. 掌握中秋节的传说、起源及习俗。
2. 了解与月相变化相关的基础知识。

（二）能力目标

1. 学习本地区过中秋节的传统习惯，感受家庭团聚的幸福，并理解国家统一的重要性。

2. 通过交流，了解不同地区中秋节习俗的差异及相通之处。

3. 培养信息搜集与问题提出的能力。

（三）情感、态度与价值观目标

1. 理解中秋节团圆的深层意义，珍视家人间的情感联系。

2. 从家庭团聚拓展到国家统一，增强对中华文化和祖国的热爱。

【教学重点】

深入理解中秋节的文化内涵及其在促进海峡两岸统一方面的象征意义。

【教学难点】

引导学生在庆祝中秋节的活动中深刻体会到家庭、亲情的重要性。

【教学方法】

结合讲授法和讨论法，使用启发式与体验式教学，辅以多媒体材料和实例展示，以增强课堂互动和学生体验。

【学情分析】

针对二年级学生对我国传统节日认知较浅，课程将从具体事例入手，逐步引导学生抽象概括，以便形成系统的节日知识结构。

【教学准备】

（一）教师准备

收集与中秋节相关的图像、民间故事和诗词，制备多媒体教学资源。

（二）学生准备

搜集各地中秋节习俗资料，探索秋季的其他节日情况。

【教学过程】

（一）谜题引入活动

1. 展示三个与秋季相关的谜题，激发学生兴趣：

覆盖白绒，内藏甜宝。（打一农作物果实）

圆形甜品，节日必食。（打一节日食物）

外紫内白，酸甜适中。（打一水果）

2. 讨论这些谜底与秋季的关系，并引出与秋季相关的节日。探讨学生心目中最难忘的节日及原因。

3. 引导学生分享自家的中秋节庆祝习俗，共同感受家庭团聚的幸福与亲情的温暖。通过这一讨论引入课程的核心主题"团团圆圆过中秋"。

（二）详细讲解过程

1. 中秋节的由来

让学生探讨中秋节的确切日期及其命名理由。

展示月相变化的图解，阐释"中秋"名称的由来。

2. 赏月活动

教师提示："看，中秋之夜的月亮升起了！"（通过课件展示月亮升起的动画）

学生表达他们对月亮的看法和感受。

教师总结：说明中秋夜晴朗的天气，使月亮显得更明亮、更圆。

3. 中秋节传说的分享

分组讨论中秋节的相关传说，并由每组选出代表进行分享。

播放关于"嫦娥奔月"的动画，引发学生兴趣。

邀请学生补充他们知道的中秋节相关传说或故事。

4. 文化意义的总结

概述中秋节的文化与历史意义，提及其作为法定节日的背景。

播放展示不同地区、民族中秋节习俗的视频。

5. 课堂讨论与拓展

让学生表达观看视频后的感受，并探讨视频未涉及的中秋节习俗。

教师总结：强调中秋节庆祝活动的多样性和文化的丰富性。

通过这一系列教学活动，学生不仅能够深入了解中秋节的文化和传统，还能够在交流和讨论中提升自身的表达能力和批判性思维能力。

（三）中秋诗词

人们常说"每逢佳节倍思亲"，而中秋节的到来总能唤起对远方亲人的深切思念。当夜空中明亮的圆月高挂，不少诗人便会借助诗句来抒发对故乡和亲人的深情怀念。

1. 引入经典诗文

展示李白的《静夜思》配图，并让学生配合诗意与图景进行联想。

全班同声背诵《静夜思》，教师引导学生探讨诗句中表达的情感。

2. 诗歌朗读与讨论

引入配乐诗朗读：历代文人多用月亮入诗，以表达思乡之情。课堂上，教师播放有关月亮的古诗配乐。

展示诗句："海上生明月，天涯共此时"，"露从今夜白，月是故乡明"，以及"春风又绿江南岸，明月何时照我还"，引导学生感受诗中情。

3. 探索更多经典

探问学生对"但愿人长久，千里共婵娟"这一名句的了解，并介绍其出自苏东坡的《水调歌头·明月几时有》。

集体欣赏这首著名的中秋词，感受古人的情感与艺术。

4. 诗词创作与展示

邀请学生发挥想象，列举更多描写月亮的诗词，并简介"飞花令"游戏的规则。

学生尝试创作关于月亮的描述，教师提供中秋月圆的图像以助灵感。

5. 总结赏析

教师总结学生的表现，肯定他们的创作潜力，并鼓励学生继续探索和创作诗词。

通过这一系列活动，学生不仅能学习和欣赏传统诗词，还能在实际中尝试文学创作，增进对中秋文化的理解与情感的表达。

（四）品感中秋

过渡：刚和同学们品味了中秋诗词，中秋美食的品尝也不容错过啊！

1. 品尝月饼

教师以神秘的语气介绍即将进行的活动，并逐一展示被精美包装的奖品，激发学生的好奇心，让他们猜测可能的内容。

当学生发现奖品是各式各样的月饼时，教师详细询问他们之前品尝过的月饼口味，如豆沙、莲蓉、五仁等，并讨论各自的口味偏好。

接着，教师通过投影展示来自全国不同地区的月饼图片，如广式、苏式、京式等，介绍它们的特点和风味差异。随后，教师分发小块月饼给学生品尝，提醒他们注意品味月饼的风味细节，并鼓励学生交流自己的感受，强调吃月饼的文化意义和节日氛围。

2. 感恩的心

教师通过展示一系列图片和视频，向学生展示中秋节背后辛勤工作的月饼工人、国境线上的边防战士、城市街头的执勤警察等群体，详细讲解他们在节日期间仍坚守岗位的重要性。

然后，教师引导学生通过简短的讨论或小组活动，表达对这些日夜奋战在一线的工作者的感谢与敬意，让学生写下感谢卡或制作感恩墙，张贴在教室内。

最后，教师强调每个人都应珍惜和感激那些为我们舒适生活付出的人。通过讲述具体的感人故事，激发学生的同理心和责任感，鼓励他们将来以实际行动回报社会，诸如参与社区服务、支持慈善活动等，营造一种积极向上、关爱他人的班级氛围。

3. 团圆的愿望

在讨论中秋节的家庭团聚的温馨场景后，教师引导学生将团圆的意义扩展到更广泛的社会和国家层面。讨论中秋节不仅仅是家庭的团聚，也象征着全民族的团结与和谐，特别提出台湾与大陆尚未统一的现实情况，引发学生对国家完整的深层次思考。

为了让学生更深刻地感受到台湾同胞的思念与期待，播放海峡两岸词曲作家的歌曲《月之故乡》。通过歌曲的旋律和歌词，让学生体会到离散家庭成员在中秋夜对家的深切思念和对团圆的渴望。

歌曲结束后，教师引导学生讨论和描绘一个未来的画面，一个全中国包括台湾在内的大团圆的场景，鼓励学生表达他们对这一未来的希望和祝愿，以及对实现中华民族大团圆的个人与集体贡献的想法。

4. 传递祝福

随着中秋节的庆祝活动接近尾声，教师引入一个特别的环节：写下祝福。教师鼓励学生思考并撰写祝福语，不仅为了家人和朋友，也为那些在节日期间仍坚守岗位的工作者，以及海峡对岸的台湾小朋友和全球各地的华人社区。

学生在轻柔的背景音乐中书写祝福卡。这样的设置旨在增强写作的情感深度，使学生能够更好地投入感情，表达他们的真挚感受和美好愿景。

完成写作后，学生轮流分享祝福。随后，教师进行象征性的白鸽放飞仪式。这不仅象征着和平与希望的传递，也强调了中秋节这一中国传统节日在全球华人中的团结意义。教师寓意深长地说明："就如这些白鸽穿越蓝天，我们的祝福也将穿越海洋，抵达每一个角落，带去我们对团圆、和平的期盼，让所有人在这个特别的日子里感受到来自遥远他乡的温暖和祝福。"

5. 课堂总结

让学生说说今天学到了什么。

6. 布置作业

课后搜集关于重阳节的资料，看看各民族在重阳节都有什么活动。

第二节　中学思政课教学与中华优秀传统文化融合案例

一、初中阶段思政课学习的特点

初中阶段是青少年思想观念和价值观念形成的关键时期。在这一阶段，思想政治教育课（思政课）不仅旨在传授政治知识，而且重视培养学生的社会责任感、历史使命感及对中华优秀传统文化的认同感。以下是初中思政课学习的几个显著特点。

1. 知识体系的逐步深化

初中思政课在小学阶段的基础上，进一步深化和扩展。课程内容涵盖政治、历史、法律、经济和文化等多个领域，形成了较为完整的知识体系。这一阶段的学生开始接触更为复杂的社会现象和历史事件，通过具体事例学习中华民族的历史发展、文化传承及其在全球化背景下的国家定位。

2. 重视价值观的培养

初中思政课特别强调价值观的培养。课程设计旨在通过对中华优秀传统文化的学习，让学生认识到诚信、责任、尊重等核心价值观在个人成长及社会交往中的重要性。通过讨论孝道文化、中华民族的团结精神以及古代先贤的典范行为，引导学生形成正确的世界观、人生观和价值观。

3. 方法与手段的多样化

随着教育技术的发展，初中思政课的教学方法和手段更为多样化。课堂上除了传统的讲授法和讨论法，更多地采用案例分析法、角色扮演、模拟法庭等互动式教学方法。这些方法能够激发学生的学习兴趣，增强他们的实践能力和创新思维，使学生在参与中学习、在实践中成长。

4. 强调历史与现实的结合

初中思政课程着重于历史与现实的结合，通过对历史事件的回顾，引导学生思考其对当下的影响。例如，学习抗日战争的历史不仅让学生了解事件本身，还能理解民族团结的重要性，从而在当今社会中更好地理解和维护国家主权与尊严。

5. 培养批判性思维

在传授知识的同时，初中思政课程也鼓励学生发展批判性思维。教师鼓励学生对接收的信息进行质疑和思考，不仅仅接受表面的事实，还要深入分析事物的本质。通过对不同历史事件、政治理论的多角度探讨，培养学生的独立思考能力。

总结来说，初中阶段的思政课是帮助学生形成健康人格、培养社会责任感和民族自豪感的重要课程。通过对中华优秀传统文化的学习和现代社会价值观的引导，不仅增强了学生的文化认同感，还为他们的全面发展奠定了坚实的基础。

二、初中阶段教学案例

【教学题目】

师生互动

【教材分析】

"师生互动"是人教版《道德与法治》七年级上册第三单元的核心内容之一。此课程建立在学生对教师职责和教育使命的初步理解之上，强调学生对教师工作挑战的认识，并鼓励学生尊重教师的教学风格和方法的多样性。课程目标是促进学生正确理解和接纳教师的指导，与教师建立起基于相互学习和共同进步的正向互动关系，进而发展成一种既尊重又友好的师生关系。

【教学目标】

（一）知识目标

理解"教学相长"的概念，认识到师生关系的双向性和动态互补性。

（二）能力目标

1. 学习与教师有效沟通的方法。
2. 客观接受并理解教师的正面反馈与建设性批评。

3. 通过具体行为，实践尊敬师长的传统美德。

（三）情感目标

培养尊师重道的传统美德，发展积极的师生互动态度。

【教学重点】

掌握与教师进行有效互动和共同成长的策略。

【教学难点】

建立一种既尊重教师又能友好相处的亦师亦友的师生关系。

【教学方法】

（一）教法

启发式教学、案例分析法、情景模拟法。

（二）学法

自主学习、小组合作、实践体验。

【学情分析】

进入初中后，学生的自我意识增强，社交圈也相应扩大，师生关系成为他们需要适应和优化的重要人际关系。七年级学生在依赖教师的同时，开始展现出对教师权威的质疑，有时甚至会因不理解教师的意图而产生对立。此外，教师的批评可能会引发学生的强烈反应。因此，本课程的核心在于引导学生树立正确的尊教观念，理解并尊重教师的努力，与教师建立稳定而和谐的关系，从而使教师成为他们学习和生活中的良师益友。

【教学准备】

（一）教师准备

1. 理解教学目的：教师首先需要充分理解课程的核心目标，即通过促进师生之间的有效互动来强化情感交流。为此，教师应设计一个轻松、愉悦的课堂氛围，确保学生可以在一个非评判性的环境中自由地表达自己的思想和感受。

2. 搜集教学材料：教师需要广泛搜集关于中华优秀传统文化和礼仪的教学资源，

包括经典文献、实际案例以及相关的现代研究，以便从多角度展示文化的深厚底蕴和实际应用。

3. 访谈大纲的准备：教师应设计详细的访谈大纲，涵盖与师生关系相关的各类问题，如互动方式、感受表达等，通过预先的访谈了解学生的实际想法和期望，以便更精准地调整教学策略和内容。

（二）学生准备

1. 课前预习：学生需按教师的布置提前预习相关的课本内容和辅助教学材料。学生应该在阅读过程中做好笔记，特别是标注不理解或需要进一步讨论的内容。这不仅有助于提高课堂互动的质量，也能使学生在学习过程中保持主动探索和随时查询的学习态度。

2. 搜集案例：学生需要从自身的学习生活中搜集与教师交往的具体案例。这些案例可以是个人经历，也可以是观察到的场景。学生应思考这些交往中的亮点与不足，准备在课堂上进行展示和讨论，通过实际例子将理论与实践相结合，增强课程内容的生活化和实践性。

通过上述准备工作，教师与学生能够在教学过程中建立一个互相学习、互相尊重的良好教学关系，从而有效推动课程目标的实现。

【教学设计】

（一）课程导入

课程以"张良拾履"的故事作为开场。这不仅激发了学生对传统文化的兴趣，还引起了他们对课程内容的注意和期待。故事中张良对黄石公的尊敬体现了古代师学礼的精髓。通过这一经典故事引入师学礼的基本概念，教师为学生解释尊师重道的传统价值。

（二）理解与回顾

在这一环节，教师指导学生参考教材中的"运用你的经验"部分，体验不同的教学情境，让学生回顾自己记忆中的师生交往经历。学生通过分享自己与老师之间的互动场景，探讨并识别哪些行为符合师学礼的要求，哪些需要改进。教师引导学生思考如何建立一种基于相互尊重和理解的师生关系，满足传统师学礼的现代教育要求。

（三）深入讨论

通过"老师想说"和"时空对话"两个活动展开进一步讨论。在"老师想说"环节中，教师表达对学生行为的看法和感受，学生则有机会从教师的角度理解教师的教育意图和情感状态。在"时空对话"环节中，通过设置虚拟的对话情景，使学生和教师能在不同的时间和空间背景下探讨理想的师生互动模式。这些活动可以帮助学生认识到建立和谐师生关系的重要性，并探索如何通过现代的互动形式继承和发扬师学礼的传统优势。

（四）总结与演绎

在课程的最后阶段，学生将通过角色扮演和小组讨论等形式，演绎和实践师学礼中的各种场景，如敬师、求学、互助等。这不仅使学生能通过实际行动深刻理解师学礼的内涵，还能帮助他们总结和归纳课堂上学到的知识，加深对师生正确交往方式的理解和记忆。通过这些具体的演绎活动，学生能够更好地将课堂知识转化为实际能力，为建立和谐的师生关系奠定坚实的基础。

【教学过程】

（一）课程导入

引入"张良拾履"的经典故事，学生先行叙述后，教师进行补充和完善，共同探讨其深远意义。

（二）故事反思

教师提问：听完张良的故事后，大家有何感触？

学生反馈：张良的真诚和敬业精神感动了黄石公，因此黄石公决定收他为徒，传授兵法。

另一位学生补充：张良对师长尊敬的态度让人印象深刻。

教师点评：两位同学的见解很到位。张良三次为黄石公拾履，显示出他对学问的渴望和对师长的尊重。这段历史不仅展现了张良的人品，也反映了理想的师生互动模式。今天，我们将以此为基础，探讨如何与教师建立积极的互动关系。

（三）师生互动的重要性

教师引导：想想你们印象中的师生互动场景，并思考老师在这些互动中扮演的角色。

学生分享：一位学生提到老师在他生病时的关怀，另一位学生回忆老师组织的户外活动，还有学生谈到老师在学术上的耐心指导。

教师总结：很好。这些分享展示了教师多样的角色，如导师、组织者、心灵的引导者。这些角色共同构成了我们丰富的学习和生活体验，反映出师生关系的复杂性和深度。

（四）对教学相长的探讨

教师阐述：师生关系不仅体现了知识传递的过程，而且体现了彼此成长的过程。这种关系被称作"教学相长"。请大家打开课本第××页，我们一起来详细了解这一概念。

学生阅读：学生们共读课本内容，理解教学相长的深层含义。

多媒体学习：教师使用多媒体资料辅助讲解，帮助学生全面理解"教与学的"互动本质。

（五）应对师生冲突

教师引出：在师生互动中，不可避免地会遇到意见不合和矛盾的情况。这需要我们学会正确处理和解决。

情景模拟：教师展示两个具体的校园情景视频，让学生观察并分析。

讨论解决策略：学生根据观看的内容，讨论并提出解决师生冲突的有效方法。

情景一：小明自小在数学领域展现出非凡才能，尽管仅是初中一年级新生，他已自学完整个初中三年的数学课程。在一次数学课上，当老师介绍一种基础的解题技巧时，小明提出一种更高级的初三级别解法，认为更有效率。他当场向老师提出异议，引发了激烈的讨论，结果打断了课程进度，影响了班级同学的学习。

教师询问：大家觉得小明的行为正确吗？如果不正确，应该如何改进？

学生甲：正确。如果存在更优的解题方法，我们应该共享。

学生乙：错误。小明不该在课堂上直接与老师对抗，这样做打扰了其他同学。

教师点评：两位同学的见解都很有价值。小明提出新方法的勇气是可嘉的，但课堂上直接争论并不妥当，这不仅影响了教学进度，也可能影响其他同学的学习体验。在学术探讨中应保持相互尊重和礼貌。小明应选择在课后与老师私下讨论，以便深入交流并表达自己的见解，同时要注意对师长的尊敬和对同学的考虑。

情景二：小丽热爱文学，经常创作短篇小说，并求教于语文老师，多次获得肯定和赞赏。然而在一次英语课上，她趁着授课时悄悄写小说，结果被英语老师发现并严厉批评，其手稿也被没收。

教师询问：看完这个场景后，如果你们是小丽，会怎么对待这两位老师的不同反应？

学生甲：语文老师的赞赏让我觉得自己的写作有价值，我感到非常高兴；英语老师的批评让我感到很难过。

学生乙：在英语课上应专注学习英语，小丽的行为分散了自己和他人的注意力，英语老师的批评是必要的。

学生丙：我认为应该合理安排时间，在课堂上集中精力听讲，在课外时间再进行写作活动。

教师点评：你们的看法都很中肯。老师的表扬是对我们努力的认可和鼓励，目的是进一步激发我们的潜力；老师的批评是希望我们在出错时能够反思并改正，这对我们的成长至关重要。因此，无论是接受表扬还是批评，都应持正确的态度，这样才能真正学习进步，充分体现尊师重道的文化价值。

教师总结：这两个情景让我们明白了"教学相长"的实际含义。第一，面对老师的指导，我们要坦诚并礼貌地表达自己的想法；第二，正确对待老师的表扬与批评，将其转化为个人成长的动力。我们已经讨论了同学们眼里的各种师生互动，现在让我们通过多媒体观看一些老师们印象深刻的师生互动，加深对这些教学原则的理解。

（六）"老师想说"环节

语文老师的遭遇：语文老师在某次严重感冒时仍坚持上课。学生们借口让老师休息，提议将这节课替换为体育活动，结果导致课堂纪律松散。

历史老师的尴尬：因为普通话发音不准确，历史老师授课时经常引发学生窃笑，这让他在教学中感到尴尬和不自在。

英语老师的感动：在教师节那天，英语老师收到一位学生的鲜花和卡片。卡片上写道："感激您听取并解决我的问题。您不仅是我的老师，更是我的朋友。"这让英语老师深感教学工作的价值和意义。

教师引导学生小组讨论：如果这些老师现在站在你们面前，你们会对他们说些什么？

第一组：对历史老师表示，我们对您的口音发笑是不恰当的，我们应当尊重您的每一次努力。

第二组：对语文老师说，未来如果老师不方便上课，我们会更加专注学习，主动承担学习任务，减轻您的压力。

教师的肯定：教师赞扬学生的成熟回应，并指出在师生关系中，虽偶有摩擦，但和谐相处是常态。

教师问学生：良好的师生关系应该是怎样的？

学生的理解：学生一，师生间应相互关心和理解，这是交往中的良好状态；学生二，老师是我们的知识传授者和课余生活的良师益友。

教师的总结：与老师建立一个相互尊重和支持的关系是实现教学相长的关键。我们只有彼此尊重，才能共同进步，实现交往的最佳状态。

（七）深入探索

教师引导学生进入"时空对话环节"，探讨古今尊师的不同表现，强调尊师重道的传统美德，展示如何在日常生活中尊重和敬仰老师，通过具体行为表达对教师的尊敬，促进师生关系的和谐发展。多媒体展示的内容包括古代对老师的各种尊敬礼节，如正确称呼、礼貌接待、诚恳学习等，强调这些行为的重要性。

教师问学生：从这些讨论中，你们有哪些新的理解或感受？

学生一：我们应当学习古代学生的尊师行为，通过尊重老师来学习更多的知识。

学生二：我们需要积极学习，不仅要在课堂上向老师学习，还要在课外主动求教。

教师点评：你们的理解都很到位。在现代教育环境中，尊师的行为有所弱化，如有的学生直接称呼老师的名字、上课不打招呼、背后评论老师等行为，这些都不符合尊师的基本要求。为了改善师生关系，我们应即刻开始改变，礼貌地称呼老师，尊敬地与老师互动，努力建立一种既友善又尊重的师生关系。

（八）课堂小结

教师总结：正如古语所言，"国将兴，必贵师而重傅"，尊敬老师是中华文化中极为重要的一环。尊重老师意味着尊重知识与学习。本课通过探讨尊师重教的传统价值，让我们明白老师在我们的学习生活中的多重角色。他们是我们知识的导航者、生活的参谋，也是我们成长道路上的伙伴。作为学生，我们应当理解并尊敬老师，与老师建立和谐的关系。这不仅会促进我们的个人成长，也会营造更加积极的学习环境。

【教学总结和反思】

本节课主要采用启发式教学、案例分析和情景模拟的方法，旨在教导学生如何恰当地与老师互动。课程内容不仅涵盖了教科书的基础知识，还深入介绍了中华传统的师学礼节，帮助学生在理解学习内容的同时，增强他们的文化素养和道德觉悟。尽管课程成功地将传统文化与现代教学相结合，仍存在一些可改进的地方。

虽然尝试将传统文化纳入教学，但在实际操作中可用的案例并不多，且形式相对单一。本课程主要依靠直接教学，未能充分利用名人事例解析、影视资料等多样化的教学资源。这种方式在讲授传统礼仪文化时可能稍显生硬，未能完全激发学生的学习兴趣。

因此，这次课程的尝试虽具创新性，但仍需在后续教学中继续优化和深化。未来的教学中，我们将尝试结合更多元化的教学手段和资源，例如通过引入相关的历史人物影片、互动式讨论等方法，来更生动地展现师学礼的现代价值，以促进学生全面而深入地理解中华优秀传统文化的精髓。这不仅能够提高学生的学习热情，还能进一步提升他们的综合素质。

三、高中阶段学生思政课学习的特点

高中阶段的思政课是对学生进行思想政治教育的重要环节，特别是在培养学生理解和尊重中华优秀传统文化方面扮演着关键角色。在这一阶段，学生的思维逐渐成熟，他们开始形成对社会、历史及文化的独立见解。高中思政课针对这一特点，进行了相应的教学设计，以培养学生的综合素质和批判性思维能力。

（一）教学内容的深化

高中阶段的思政课内容相较于初中阶段更为深入，不仅涉及基础的政治理论知识，如马克思主义基本原理概论，还包括中国特色社会主义理论体系的深度解读。此外，课程内容强调对中华优秀传统文化的传承与发扬，如孝道、忠诚、礼仪等内容，使学生在理解现代思政理论的同时，能够深刻领会传统文化的精神内核。

（二）批判性思维的培养

高中思政课特别强调批判性思维的培养。教师鼓励学生在尊重事实的基础上，对各种社会现象和历史事件进行独立思考和批判性分析。这种教学方式有助于学生形成科学的世界观、人生观和价值观，为其成为具有社会责任感和历史使命感的公民打下坚实基础。

（三）教学方法的多样化

为了适应高中学生的认知特点和学习需求，思政课的教学方法更为多样化。除了传统的讲授法，更多采用案例教学、讨论教学、角色扮演等互动性强的教学方法。例如，通过对历史人物的深入分析，引导学生探讨其行为背后的道德理念和文化因素，从而更全面地理解中华优秀传统文化的价值。

（四）文化自信的培养

高中阶段思政课程强调通过教育培养学生的文化自信。通过深入学习中华民族的历史、文化及其在世界文化中的地位和影响，使学生对自己的文化传承有更深的认知和自豪感，进而在全球化背景下坚守文化根基，展现文化自信。

综上所述，高中阶段的思政课在内容和教学方法上都做了有针对性的调整和优化，不仅加深了学生对政治理论的理解，也加强了他们对中华优秀传统文化的认知和尊重。通过这样的教学，旨在培养学生成为既有国际视野又深植于中华文化土壤中的现代公民。

四、高中阶段教学案例

【课程名称】

深入理解中华传统文化

【教材分析】

本课程源自统编教材《哲学与文化》必修四的第三单元"深入理解中华传统文化"的内容。该单元旨在通过对中华传统文化的深入探索和学习，激发学生的文化自信，推动中国特色社会主义文化的发展。具体到第七课，通过逐步深化的三个主题框架，学生将从理论认识到实际行动，全面理解中华优秀传统文化的价值。通过学习本课程，学生将掌握中华优秀传统文化的核心价值和特性，认识其在现代社会中的应用和重要性，并在实际生活中积极传承和发扬这一文化遗产。

【教学目标】

（一）知识目标

引导学生通过对中华传统文化历史的回顾，认识到这一文化是中华民族精神的根基，是塑造社会主义核心价值观的关键资源，并作为全球文化交流中不可或缺的一部分，为学生树立文化自信提供支撑。

（二）能力目标

使学生能运用唯物史观和辩证法来深入分析和评价中华传统文化，建立科学的观点和评价体系，促进其正确价值观的形成，并能在全球视野中提出反映中国特色的解决方案和思想。

（三）情感、态度与价值观目标

通过主题讨论和案例分析，培养学生从历史与现实的角度系统论证的能力，正确理解和评价中华传统文化，成为其传承和推广的积极参与者。

【教学重点】

深刻理解中华传统文化的内涵与价值，通过实际案例感受其在现代社会的活力与应用，从而在学生心中树立文化自信。

【教学难点】

如何让学生准确把握中华传统文化在当代社会的价值及其应用。

【教学方法】

（一）启发式教学

通过引导学生思考和讨论，帮助他们独立形成对中华传统文化的理解。

（二）案例分析法

结合具体历史事例详细解析文化现象，使理论知识与实际应用相结合。

（三）情境模拟法

通过模拟历史情景，让学生在实际操作中体验和理解中华文化的深远影响。

【学情分析】

高中二年级的学生已经在历史、政治和哲学等学科上建立了基本的学术框架，对国家的历史发展、经济和政治结构以及马克思主义理论有了初步的认识与理解。这一阶段的学生能够运用学到的理论知识来分析各种社会现象，呈现出较为成熟的批判和辩证思考能力。这为深入探讨中华传统文化提供了坚实的理论基础。然而，学生在学习动机、学习深度以及对文化现象理解的层次上仍显示出明显的个体差异，需要从感性的文化认识提升到对文化价值和功能的理性分析。基于此，本课程将从学生的实际认知出发，逐步引导学生理解并评价中华传统文化的深层价值。

【教学过程】

（一）探索中华传统文化元素

教师引导：教师启动讨论，提出问题："中华文化是人类历史上最为悠久的文明之一，你们认为哪些元素最能象征中华传统文化？"

学生活动：学生分组讨论，每组挑选出代表中华文化的关键元素，如汉字、中医、茶文化等，并将选择理由记在白纸上。每组选出最具代表性的元素进行重点介绍，然后将讨论结果贴于教室黑板上。

教师深化讨论：教师引导学生从提出的文化元素探讨中华文化的持久性与创新性，对比其他古文明，探讨中华文化的独特性，如其非断裂的历史传承、综合性文化体系等。

设计意图：通过创设学习情景和小组合作，使学生在实际交流中深入感受中华文化的魅力，发现文化差异与联系，从而全面系统地把握中华文化的核心价值。通过分析讨论，学生能够从多角度理解中华传统文化的当代意义，并准备在社会实践中积极发挥其价值。

（二）感知中华传统文化

教师引导：教师启动课堂讨论，提出"如何正确理解中华传统文化"的问题。引导学生从中华传统文化的起源、发展和影响等多维度进行深入分析。

学生活动：学生探索"中华传统文化的形成过程"。通过小组合作，搜集相关历史资料和现实事例，共同讨论中华文化的形成机制和发展脉络。

教师总结：教师强调中华文化的历史连续性和包容性，指出中华文化是在长期的民族融合和社会实践中形成的复合体。中华文明历经数千年演变，不断吸纳和融合其他文化元素，形成了独特的文化体系。这种文化的开放性和包容性是其长期繁荣的重要原因。

学生活动：学生利用刚才的讨论成果，进一步对中华优秀传统文化元素进行分类和整理，明确哪些文化成分最能体现中华文化的核心价值。

共同探讨：教师和学生共同梳理中华文化的主要成分。这包括：

（1）思想理念：如儒家的仁爱之道、道家的自然和谐观念、法家的规则秩序等。

（2）道德美德：如忠诚、孝顺、节俭、勇敢等。

（3）人文精神：包括对自然的崇敬、对社会的责任感、对生活的热爱等。

深入思考：学生分析中华传统文化在历史上的作用，如何在不同时代促进社会稳定、经济发展和科技进步。

补充知识：教师引用习近平总书记的话强调中华文化在增强民族凝聚力、推动社会进步方面的重要作用。

（三）讨论环节：中华传统文化的现代价值

教师引导：教师开始课堂讨论，提出关键问题，"在当今社会，中华传统文化是我们的宝贵财富，还是变成了某种意义上的负担？""我们如何评价中华传统文化的影响？"教师邀请学生表达自己的观点，并说明自己的理由。

学生辩论：学生围绕"中华文化：财富或包袱？"这一议题进行小组辩论，讨论如何界定"财富"与"包袱"。每个小组需要找出支持其观点的具体例证，并阐述理由。

深入提问：教师继续提问"我们应如何正确地对待中华传统文化？"引导学生思考并回答这一问题。

学生响应：学生根据已学的《哲学与文化》知识，结合实际例子，讨论中华传统文化在现代社会的应用与挑战，以及如何形成一种积极的文化态度。

教师总结：教师强调，我们应采用辩证唯物主义视角来看待中华传统文化，认识到其在现代社会中的双重价值。我们要扬长避短，吸收传统文化中的有益成分，剔除不适应现代社会的落后元素。同时教师指出，应该不断进行文化创新，以适应社会发展的需求，推动传统文化与现代文明的有机融合。

设计意图：此部分设计旨在通过哲学和文化的视角激发学生的批判性思维，加深学生对中华传统文化多维价值的认识，并通过辩论和讨论培养学生的逻辑思维和表达能力，使学生掌握如何将古代智慧应用到现代社会生活中。

（四）推广中华优秀传统文化

教师活动：教师向学生介绍中华优秀传统文化在现代社会中的应用，特别是在国家治理和个人发展中的作用。引出"五位一体"总体布局和新时代外交政策等概念，探讨这些现代政策设计的文化根基。

学生活动：学生以抗击新冠疫情的社会实践为背景，讨论其中体现的中华传统美德，如集体主义、家国情怀等，以及这些传统美德与当代中国特色社会主义文化的关联。

教师总结：中华文化历经五多千年，形成了深厚的文化积淀。这种文化不仅塑造了中华民族的精神面貌，也为国家的持续发展提供了精神动力和道德指引。这些文化价值观和理念，形成了中华民族的精神坐标和行为准则。

教师引导：探讨中华优秀传统文化在当代的实际价值，促使学生思考在全球化背景下如何利用这些文化资源解决现实问题。

学生探讨：学生分类整理课前小组讨论的结果，从思想文化、道德规范、人文精神三个维度系统概括中华优秀传统文化的核心内容。

深入思考：学生讨论中华传统文化在历史上的重要作用及其对现代社会的影响，如何通过传统文化的力量来解决当今社会的挑战。

补充资料：教师引用习近平总书记的言论，强调中华文化在维系民族精神、增强国民自豪感方面的独特作用。

共同总结：确定中华传统文化的不朽价值及其对未来社会发展的贡献，强调文化自信的重要性，并探讨继承和发展传统文化的方法。

课程创新：教师安排学生以"我骄傲，我是中国人"为题创作现代诗，以此深化对中华优秀传统文化的理解和表达，同时检验学生对课堂内容的掌握和内化。

学生创作：学生根据指定主题创作诗歌，体现对中华优秀传统文化的认知和情感，课堂上展示并交流创作心得。

课堂提升：教师总结课程内容，强调从历史到现代的文化传承路径，鼓励学生以开放的心态继承和创新文化遗产，为构建具有中国特色的现代国家贡献智慧和力量。

设计意图：通过诗歌创作活动，不仅让学生通过艺术形式练习文化表达，也通过创作过程中的思考和感悟来深化对中华文化价值的理解和认同，培养学生的文化自信和创新能力。

【教学总结和反思】

（一）整合知识与行动

在教学过程中，教师以学生已有的认识为基础，拓展更深层的文化学习。例如，在探索中华传统文化的环节中，教师放弃传统的灌输式教学，而是采用互动性的学习方式，鼓励学生主动展示和讨论中华文化的元素。这样的分享和讨论帮助学生更全面地理解中华文化的丰富性和深邃性。在继承中华文化的环节，通过诗歌创作等创新性活动，引导学生深化对课程内容的理解，并激发他们的创造力，以实际行动传承和弘扬中华优秀传统文化。这种将知识与行动统一的教学方法，不仅深化了学生的学习体验，也促使他们从基本的民族情感升华到科学的思维方式，进而建立坚定的政治认同和文化自信，全面提升学科核心能力。

（二）实施议题导向教学

在议题教学实施中，教师设计的讨论环节围绕核心主题展开，确保每个议题都具有情景性、问题导向性和价值升华性。对于"正确理解中华传统文化"的议题，教师通过案例分析法拓展学生的视野，使学生认识到中华传统文化的生命力，其文化的包容性和适应性允许其不断地与时俱进，从而在历史的长河中发挥了不可替代的作用，也为现代社会的问题提供了解决方案和未来发展的指导。因此，学生需要以恰当的方式理解和接纳中华优秀传统文化，自觉成为这一文化的传承人和推广者，以文化的力量增强国家的软实力和个人的文化认同。

第三节 大学思政课教学与中华优秀传统文化融合案例

一、大学阶段学生思政课学习的特点

在大学阶段，思政课的学习不仅是知识传授的过程，而且是价值观塑造和思维方式训练的重要环节。大学生在这一阶段接受的思政教育，特别强调对中华优秀传统文化的继承与发展，同时融入对社会主义核心价值观的理解和实践，旨在培养具有国际视野、历史责任感和创新能力的现代青年。

1. 知识与价值观的双重目标

大学阶段的思政课程，旨在通过深入浅出的讲解和丰富多样的教学方式，帮助学生系统掌握马克思主义基本原理，深化对中国特色社会主义理论和现代化建设经验的认识。同时，这一阶段的思政课程还着重于培养学生的民族自豪感和文化自信，使学生能够正确理解和评价中华优秀传统文化及其当代价值。

2. 批判性思维与创新精神的培养

大学生的思政课不仅仅是思想教育的灌输，而且重视激发学生的批判性思维。通过案例分析、辩论赛、模拟联合国等多种互动形式，引导学生主动思考，比如探讨中华传统文化在现代社会中的应用，分析社会主义核心价值观在实际生活中的体现，从而培养学生发现问题、解决问题的能力。

3. 文化传承与创新实践

大学阶段的思政课程强调中华优秀传统文化的传承与创新。通过组织学生参与文化体验活动，如传统节日的庆祝、传统艺术的学习等，使学生在亲身体验中感悟文化精髓。同时，鼓励学生结合现代科技手段，探索传统文化的创新传播途径，如数字化非物质文化遗产展示，促进传统文化与现代文明的融合。

4. 增强国际视野与全球责任感

在全球化背景下，大学思政课程也着重培养学生的国际视野。通过比较不同国家的文化、政治制度，使学生了解多元文化，理解中国道路的独特性。此外，通过国际交流、海外志愿者活动等，增强学生的全球责任感和国际合作能力。

5. 整合在线与离线教学资源

利用网络平台和信息技术，大学思政课程拓展了教学的时空界限，通过 MOOCs（大规模开放在线课程）、微课、翻转课堂等新型教学模式，使思政教育更加灵活多样。学生可以根据个人需求选择学习路径，实现自主学习。

总之，大学阶段的思政课学习，通过整合传统与现代教育资源，不仅传授理论知识，而且通过全面系统的教学策略，培养学生的文化自信和批判性思维能力，为培养全面发展的社会主义建设者和接班人打下坚实基础。

二、教学案例

【教学题目】

"毛泽东思想和中国特色社会主义理论体系概论"的第十章第三节第三目

【教材分析】

本课程内容摘自"毛泽东思想和中国特色社会主义理论体系概论"第十章第三节，专题讨论"坚定文化自信，繁荣发展社会主义文化"。这一章节是课程中探讨"社会主义文化建设"的关键部分，也是"五位一体"总体布局中的文化构建段落。在课程设计中，对原教材内容进行了精心重构，以适应高等院校学生的学习特点，优化教学流程。

【教学目标】

（一）知识目标

1. 明确文化自信的多层次内涵，认识其作为一种深层次、广泛性和基础性的自信。

2. 评述中华优秀传统文化的历史演进，认清其作为文化自信支柱的角色。

3. 探索加强文化自信，朝向文化强国的策略与路径。

（二）能力目标

1. 结合"一带一路"文化实例，进行历史与现状的对比分析，提升学生的理论实践结合能力和问题解析能力。

2. 通过开展自主研究活动，增强学生构建逻辑思维的能力，使其能全面、客观、深入地审视文化及其他社会热点问题。

3. 实施素材对比等实践任务，提高学生筛选文化信息的能力，增强面对复杂信息环境下的理性思考。

（三）情感、态度与价值观目标

1. 坚定走中国特色社会主义文化发展道路的决心，增强文化自信，培养学生的精神动力。

2. 强化对文化自信作为普遍要求的理解，增强实现文化强国目标的自信与决心。

【教学重点】

全面解读文化自信的深层意义。通过"一带一路"实例详解中华文化的传播与挑战，阐明强化文化自信的必要性。

【教学难点】

深入探讨如何增强文化影响力和文化自信，以及在"一带一路"倡议下如何自觉担当文化自信的传递者和实践者。

【教学方法】

（一）讲解法

通过具体、直观的教学，帮助学生清晰地理解课程的关键知识点。

（二）情景模拟法

通过图片和视频等多媒体材料，引导学生进行深入思考和情感体验，从而加深对文化自信的理解。

（三）问题导向法

利用与文化自信相关的实际案例，设定具体问题任务，推动学生进行独立探索，通过问题解决过程加强知识的应用和理解。

（四）小组协作法

依托小组内部的多样性与组间的同质性，安排协作学习活动，旨在提升学生的协作能力和集体学习效果。

【学情分析】

本课程面向大学二年级学生，他们对中国特色社会主义的整体架构有初步了解，但对文化强国的具体内容和深层意义认知不足。

【知识和能力】

1. 学生已掌握文化概念及其分类，对国内文化建设的主要任务有了基本了解。

2. 学生具备初步的辩证思维能力，能在一定程度上进行问题分析和理性思考。

【学习特征】

当代学生，特别是"00后"，思维敏捷，自我意识强，表达需求高；对新媒体和数字文化内容有浓厚兴趣，信息接受能力强；偏好通过实践活动进行学习，倾向于通过实际操作来构建知识体系。

【参考文献】

1. 习近平《坚定文化自信，建设社会主义文化强国》，发表于《求是》杂志 2019 年第 12 期。

2. 韩文乾《习近平关于坚定文化自信重要论述的四个维度》，刊登于《思想理论教育导刊》2019 年第 11 期。

3. 学习强国平台：提供丰富的学习资源，包括文化自信相关的文章和视频等。

4. 在线课程资源："毛泽东思想和中国特色社会主义理论体系概论"，由首都师范大学马克思主义学院李松林主讲，覆盖广泛的理论知识点。

【教学过程】

教学活动：教师引导学生使用教学平台进行快速签到并参与复习问答。

教学内容：学生通过扫描教室内的二维码或输入特定验证码完成签到；教师利用教学平台的问答功能复习上节课的关键知识点。通过展示艾德莱斯织造、桑皮纸制作、裕固族服饰、兰州太平鼓等非物质文化遗产的图片，让学生进行认知与投票。

师生互动：学生通过手机快速签到，教师利用平台问答功能提问，学生回答，以此复习并巩固知识。学生在教学平台上对展示的非物质文化遗产项目进行投票，表达自己的认知情况；教师根据学生的反馈进行详细解读，增强学生对非物质文化遗产的理解。

教师引导：解析每种非物质文化遗产的历史背景、文化价值及其在当代社会的意义，强调中华文化的多样性和历史连续性。

设计意图：使用现代信息技术工具提升教学效率，通过互动问答活跃课堂气氛，确保学生对前述知识点的理解和记忆，为新知识的学习做好准备。

教学活动：利用多媒体展示"一带一路"沿线的非物质文化遗产，进行图像识别与在线互动。通过视觉和互动学习方法吸引学生的注意力，通过详细的文化背景介绍加深学生对中华优秀传统文化的认识，同时对即将讨论的文化自信主题进行深入思考。

教师归纳：在刚才的讨论中，同学们深入分析了问题的各个方面，提出三个关键因素。

首先，文化理解不足是一大障碍。我们常常误解本国传统文化，误以为它们过时且应被弃之不用。以艾德莱斯织造为例，有学生曾认为其花纹过于鲜艳，不符合现代审美。然而，"艾德莱斯"在维吾尔语中指的是布谷鸟翅膀上的花朵，这种设计实际上表达了维吾尔族人民对生活的热爱和对自然界的赞美。

其次，文化认同感的缺乏也是一个问题。我们中的许多人抱有一种固定观念，即认为外来的文化总是更为优越。这种对外国文化的盲目崇拜导致本土优秀传统文化的地位逐渐边缘化。

最后，文化积极性的衰退。在对本土文化做出错误评价后，我们往往没有采取积极措施纠正这一偏见。传统文化不是静止不变的，而是生动的体系，需要我们每个人积极参与并改革。

设计思路：本课程旨在探讨传统文化遇到的困境，并通过线上思考题激发学生独立思考的能力，提高他们在课堂上的主动参与度。由于理解这些重点内容的难度较高，教师需在学生讨论的基础上进行总结，并结合实际案例和学生的生活经验，以降低理解难度，突破教学重点。

（四）教学内容概要

问题探讨1：如何有效继承和发扬中华优秀传统文化，引导学生形成文化自信和自觉？

问题探讨2：学生应如何从个人角度实现文化自信和文化自觉？

互动环节：教师提问，学生通过小组讨论并上传讨论结果到教学平台，教师对结果进行提炼。

学生讨论结果摘要：

回答1：我们小组认为，要增强文化理解，需要不断学习并充实自己。在学习过程中，要避免仅仅接触浅显易懂的内容，应该获取多样化的信息，深入了解具有深度和文化底蕴的资讯。

回答2：我们小组强调增强文化认同的重要性。在全面客观的了解基础上，我们应该学会尊重并认同本土文化。我们吸收外来文化精华，目的是强化自身而非完全西化。

教师概述：两组学生的分析核心在于加强文化理解及认同。在此基础上，教师应提议，我们应当勇于创新文化，并积极参与文化实践。

案例讨论：习近平总书记在不同场合引用经典文献来弘扬底蕴深厚的中华文化。例如，他在《在纪念中国人民抗日战争暨世界反法西斯战争胜利70周年招待会上的讲话》中引用了《孟子》中的"得道者多助，失道者寡助"，指出否认侵略历史，是对历史的嘲弄，是对人类良知的侮辱，必然失信于世界人民。他应德国科尔伯基金会邀请，在柏林发表的重要讲话中引用《司马法》中的"国虽大，好战必亡"，展现了一个爱好和平、求同存异的中国形象。

案例的选择意义：习近平总书记的言论体现了中国政府与人民的精神面貌，并增强了民族的文化自信。这些实例有效地说明了如何通过加深文化理解与认同来促进文化传承。

视频展示：《艾德莱斯炫昆仑》视频展示了设计师如何将艾德莱斯元素创新融合，推出特色的文化创意作品。

【课程小结及作业安排】

教师总结：本课程帮助学生深化对中华优秀传统文化的理解，并激发了建立文化自信和自觉的意识。希望学生能积极承担文化传承与发展的责任，为国家的文化繁荣贡献力量。

在线作业：1. 结合专业，设计一款具有中国元素的文化创意作品；2. 完成调研任务"身边的中华文化推动者"，并制作微视频，上传至教学平台。

【教学总结和反思】

教学探究与逻辑推演：本课程以"是什么—为什么—怎么做"为逻辑基础，通过问题链推动教学内容的深入探讨。

任务驱动探究，强调学生主体：结合线上线下教学模式，通过多元化的教学任务，如小组讨论、多媒体分析等，突破了传统教学的局限，强化了学生的课堂主体地位。

线上线下教学融合：通过利用网络平台的互动功能，如讨论、答题、观看弹幕，实时收集并展示教学信息，有效提高了学生的参与感和学习效率。尽管如此，学生在课堂上的主动参与程度及批判性思维能力仍有待提升，课程内容的深度和广度也需进一步拓展。

第七章　思政课与中华优秀传统文化融合的未来探究

第一节　思政课与大思政

一、思政课的现状与挑战

（一）教育目标与实际效果的差异

思政课自设立之初，旨在培养学生的社会主义核心价值观，加强道德建设，以及增强政治意识。原始目标明确，意在通过教育引导学生形成正确的世界观、人生观和价值观。然而，现实情况可能与预期存在显著差异。许多研究和反馈显示，学生往往对思政课程的内容感到疏远，认为课程与自己的实际生活和未来职业规划关联不大。

分析目标未达成的主要原因，课程内容与学生实际需求的脱节成为一大障碍。当前的思政课程往往过于强调理论的灌输，忽视了与学生日常生活经验的结合，导致学生难以在课程中看到其实用性和相关性。

具体来说，思政课程常常被批评为过分注重政治理论的传授，而缺乏对个人道德和社会责任的实际引导。例如，课程中可能大量使用抽象的政治概念和历史事件，而这些内容与学生的个人成长、职业发展以及他们作为公民的日常生活只是勉强相关。这种断层让学生感觉思政课是一种必须接受的形式化教育，而非能够帮助他们解决实际问题的有用课程。

此外，这种教学模式未能充分考虑学生的背景多样性。不同地区、不同经济条件和不同文化背景的学生对于政治和道德教育的需求和反应可能大相径庭。教材和教学方法的统一化忽视了这种多样性，使教育内容难以触及所有学生的实际需求。

因此，要想使思政课程更加贴近学生的实际需要，就必须重新考虑教学内容和方法。理论教学的比重需要适当减少，增加更多关于现代社会问题的讨论，如环境保护、公平正义、经济发展等，这些都是学生未来生活中不可或缺的一部分。同时，教师应采用更多引导式教学方法，如案例分析、角色扮演、小组讨论等，以提高学生的参与度和兴趣，使学习过程更具互动性和实用性。

（二）教学内容与方法的局限性

当前思政课的教材和教法通常较为传统，主要依靠讲授和记忆，这种方式可能已不适合现代学生的学习习惯。传统的讲述式教学依赖于教师的单向传授，很少给予学生足够的空间来主动探索和质疑教学内容，这直接影响了教学的互动性和学生的参与度。因此，这种教学模式在激发学生兴趣和思考上显得格外有限，尤其在培养学生的批判性思维能力方面显得尤为不足。

批判性思维是指能够独立分析和评价信息的能力，这对于学生理解复杂的社会政治现象尤为重要。然而，当课堂环境缺乏鼓励学生提问和辩论的氛围时，学生的这一能力便难以得到有效培养。此外，现代学生普遍善于利用网络资源进行学习，更倾向于通过互动和合作的方式来构建知识体系，这与传统的思政课堂形式形成了鲜明对比。

此外，教材内容往往固定，缺乏与时俱进的更新，使课程内容与国内外政治经济社会的最新发展脱节。例如，许多教材还停留在过去的历史事件和理论描述上，忽视了环境政策、全球化影响、科技进步等当前重大议题的深入探讨。这不仅减小了课程的吸引力，也严重影响了学生对知识实用性和时效性的感知。

因此，思政课程需要引入更多与时俱进的内容和教学方法，如使用多媒体教学工具，将实时新闻和案例分析融入课堂讨论，以及开设互动式研讨会，这些都可能是增强课程吸引力和教育效果的有效方式。通过这样的改革，不仅可以提升学生的学习动力，还能帮助他们建立更为全面的知识视角。

（三）学生参与度与兴趣的缺失

多项调查表明，学生普遍对思政课程的兴趣不高，参与度低。兴趣的缺失可以归咎于两个方面：第一，课程设计本身可能不够吸引人，缺乏创新和互动性；第二，教师的教学方式可能过于单一，未能有效利用多媒体或其他现代教学工具来增加课堂的活跃气氛。

在课程设计方面，思政课往往采用传统的教学模式，内容多为政治理论和历史事件的阐述。这样的内容设置对于生活在快节奏、高科技环境中的现代学生来说，往往缺乏吸引力。缺乏创新意味着教学方法和课程内容都较为陈旧，难以激发学生的学习兴趣。例如，大部分课堂仍然采用填鸭式的讲授法，学生角色被动，缺乏必要的参与感和探索空间。

此外，思政课程在互动性方面的不足也是导致学生兴趣缺失的重要因素。现代教育理念强调以学生为中心，鼓励师生互动和同伴间的讨论。然而，许多思政课堂仍旧停留在教师单向输出的旧模式上，这种模式不仅限制了思考的广度和深度，也使课程变得枯燥乏味。

在教学方式上，尽管现代教育领域有丰富的多媒体教学工具，如视频、互动软件及在线协作平台等，但这些工具在思政课上的应用还不普遍。有效的多媒体工具能极大地增强信息的表达，提高学生的理解力和记忆力，使复杂的政治理论和历史事件变得直观和易于接受。然而，不少教师可能因技术熟练度不高或缺乏相关培训，未能将这些现代教学方法融入课堂，从而错失了提升教学效果和学生兴趣的机会。

针对以上问题，改进思政课的课程设计和教学方法势在必行。课程内容需要更多地融入学生的生活实际和兴趣点，比如通过案例研究方法，将理论与国内外当前事件联系起来，使学生能够看到学习内容的现实意义。同时，教师应该通过培训提升自身的技术应用能力，更广泛地采用多媒体和互动教学工具，创造一个开放、互动的学习环境，从而有效提升学生的参与度和课程吸引力。

二、大思政的内涵阐释

（一）"大思政"概念的提出背景

"大思政"概念的提出是对传统思政课程内容和教育方式的一种扩展和深化，旨在应对新时代中国高等教育面临的挑战和需求。该概念最初源于对传统思政教育模式的反思，特别是对其在内容更新、教学方法以及学生参与度方面的局限性的认识。与传统思政课主要聚焦于理论教育和政治立场的确认不同，"大思政"更强调思想政治教育的广泛性和实效性。它扩展了教育的范畴，包括但不限于课堂教学，还涵盖了课程思政、研究生思政、网络思政等多个维度。

此外，"大思政"的提出也是为了更好地融合中国传统文化与现代社会价值，通过全方位的思想政治教育，形成更加全面的人才培养体系。它强调不仅在专门的思政课上进行政治教育，还要在大学的所有课程和活动中都渗透思政教育的元素，实现知行合一的教育目标。

（二）"大思政"在全面培养人才方面的优势

"大思政"教育模式在全面培养人才方面具有明显的优势。首先，这种模式突破了传统思政教育仅限于特定课程和形式的局限，使思政教育成为学校教育的一体化部分。通过这种方式，学生在接受专业知识教育的同时，也能系统地学习和理解社会主义核心价值观和中国特色社会主义理论。这种全面的教育有助于学生形成更加均衡和多元的知识结构。

其次，"大思政"通过整合课堂教学、实践活动、社会服务等多种教育形式，增强了教育的实践性和互动性。例如，通过社会实践活动和志愿服务，学生不仅可以学以致用，将理论知识应用于实际问题解决中，还可以在服务中深化对社会责任和公民身份的认识。这种教育方式显著提高了学生的社会参与度和职业适应能力。

最后，"大思政"强调跨学科学习和批判性思维的培养。通过开设涵盖哲学、经济学、社会学等多学科的课程，不仅丰富了学生的知识体系，也促进了学生批判性思维的发展。这种教育模式有助于学生在全球化和信息化迅速发展的今天，能够更好地理解复杂问题，进行综合判断，提出创新性解决方案。

综上所述，"大思政"通过全方位、多维度的教育方法，能够更有效地培养出适应新时代要求的高素质人才，这不仅符合国家教育发展的战略需求，也符合学生个人发展的全面性需求。

（三）"大思政"教育范畴的拓展

1. 涵盖更广泛的社会、历史、文化、经济等领域

"大思政"模式通过独特的教育策略，扩展了思政教育的传统边界，将其延伸至社会、历史、文化和经济等更广泛的领域。这不仅拓展了教育内容的广度，而且提升了教育的相关性和实用性。在"大思政"的框架下，思政教育不再局限于传授党的理论和政策，而是融入对当前社会热点问题的深入分析，如环境保护、经济发展策略、文化多样性及其在全球化中的影响等。

例如，在讲授社会主义核心价值观的同时，课程会结合中国的历史发展和现代社会变迁，探讨这些价值观如何在不同历史时期起到了核心作用。在文化领域，思政课程会探讨中华文化的传承与创新，以及在全球文化交流中的位置和作用。经济课题则侧重于结合社会主义市场经济的特点，分析和讨论当前经济政策的成效与面临的挑战，以及未来的发展方向。

2. 跨学科整合提升教育的全面性和深度

"大思政"的一个核心优势在于其跨学科的整合能力，这种整合不仅增加了教育的深度，也极大地丰富了教育的内涵。通过将政治学、哲学、经济学、社会学以及历史学等多个学科内容进行融合，"大思政"课程旨在培养学生的综合分析能力，使学生能够从多角度、多层面理解和处理社会问题。

跨学科教学模式突破了传统学科间的界限，鼓励学生在学习过程中建立联系，形成系统的知识网络。例如，一个关于中国改革开放的思政课题不仅涉及政治改革的历史轨迹，还会包括改革开放以来经济政策的变迁、社会结构的调整及其对普通民众生活的影响。学生通过这样的课程设置，不仅能了解每个独立事件的背景和影响，还能学习如何将这些事件串联起来，进行综合分析和思考。

此外，"大思政"还强调理论与实践的结合。通过案例研究、实地考察、专题讨论等教学方法，课程旨在提高学生的实践操作能力和现实问题解决能力。这种教学方式使学生在学习具体学科知识的同时，把握这些知识在实际生活中的应用，更好地理解复杂的社会现象和挑战。

通过这样的教育范畴的拓展和跨学科整合，"大思政"课程能够更全面地满足当代中国高等教育的需求，培养出更加全面和具有国际视野的社会主义建设者和接班人。这样的教育模式不仅提升了学生的知识水平，而且极大地增强了学生的社会责任感和历史使命感。

三、思政课应主动走向大思政

（一）从课堂到社会：实践性教学的推广

在传统的思政教学模式中，教学内容往往局限于课堂内的理论讲授，这种模式限制了学生的实际应用能力和创新思维的培养。为了更好地整合理论与实践，推动思政课从课堂走向社会是当下教育改革的关键方向之一。将课堂学习与社会实践相结合的教学模式，不仅可以增强学生的实际操作能力，还能促进学生对理论知识的深刻理解。

该教学模式通常包括社会调查、参与公共政策讨论、社区服务和志愿活动等多种形式。例如，学生在学习关于公民责任的理论后，可以参与社区的环保项目，亲身实践垃圾分类和资源回收的知识，这种从理论到实践的转化极大地提升了学习的吸引力和教育的实效性。

实践性教学模式不限于环保类项目，学生有机会参与更广泛的社会活动，如社区建设、老年人关怀、乡村教育支持等。通过这些活动，学生能够直接观察和参与社会问题的解决过程，从而更全面地理解和运用他们在思政课上学到的知识。例如，通过参与乡村支教活动，学生不仅能帮助提高农村地区的教育水平，还能实地学习到如何将社会主义核心价值观具体化，这对于培养他们的社会责任感和集体主义意识至关重要。

通过这种模式的教育活动，不仅学生能从社会实践中学习，他们的活动也能促进社会的进步。这种互利的教育模式更符合当代教育的目标——不仅仅是知识传授，更重要的是通过教育推动社会发展和进步。

因此，实践性教学的推广是思政教育发展的必然趋势。这种教学模式通过打破传统课堂与社会的界限，让学生在实际社会环境中学习和成长，不仅提高了思政教育的实用性和有效性，还帮助学生建立了正确的世界观、人生观和价值观。通过这样的学习方式，思政教育能够更好地完成其培养学生全面发展的根本任务，为社会培养出更多具有高度社会责任感和创新能力的优秀人才。

通过分析一些成功的案例可以看出，实践性教学在思政课程中的应用效果显著。以某高校的"社会实践与思政教育结合"项目为例，学生通过参与农村振兴调研，不仅学习了有关国家政策的知识，而且在实践中学会了如何与村民沟通，了解了农村的实际需求，增强了解决实际问题的能力。学生反馈表明，这类教学活动极大地提升了他们的社会责任感和实践能力。

（二）创新教学方法与手段

随着信息技术的迅猛发展，多媒体、网络课程、虚拟现实等新兴技术为思政教学提供了新的可能性。这些技术不仅改变了教学方式，而且通过增加教学的互动性和趣味性，有效提升了学生的学习积极性。

多媒体教学，通过视频、音频和动画等形式，使抽象的政治理论更加直观和易于理解。例如，使用动画来演示社会主义核心价值观的形成过程，或通过视频访谈展示不同人在社会实践中的真实案例，这些生动的内容比传统的讲授方式更能激发学生的兴趣。

网络课程利用互联网的便捷性，允许学生在任何有网络的地方随时进行课程学习，大大提升了学习的灵活性。配合在线讨论区和实时反馈系统，学生能够即时与教师及同学交流思想和问题，这种互动性极大地增强了学习的动力、拓展了学习的深度。

此外，网络课程常常结合自我评估工具，如在线测验和互评作业，帮助学生更好地掌握学习进度和理解程度，从而更加主动地参与学习过程。

虚拟现实（VR）技术的应用提升了思政教学的沉浸感和体验感。通过虚拟现实技术，学生可以置身于模拟的历史场景或社会情境中。他们可以"参与"历史上的重大事件，如亲历抗日战争、改革开放的政策制定过程等。这种体验使学生能够更直观地理解和感受历史与政治理论的重要性及其影响。VR 技术的这种应用不仅让学生在感官上获得前所未有的刺激，也在情感和认知上获得深刻的教育影响。

通过这些创新的教学工具和方法，思政教学不再是枯燥的灌输式教育，而是变成一种互动性强、趣味性高的学习体验。学生因为技术的使用而更加容易接受复杂的政治和社会概念，他们的学习兴趣和学习效果都得到了显著提升。这些技术的深入应用不仅能更好地满足现代学生的学习需求，还能助力思政教育的现代化和国际化步伐，使其更加符合时代的发展要求。

扩展到网络课程的多样性，现代思政教育已经开始利用在线平台提供不同类型的课程内容，从基础的思政理论到深入的案例分析，再到与当前政策和社会事件相关的实时讨论。这样的课程设计不仅使学生能够根据个人兴趣和需要选择合适的学习路径，还能够促进学生之间以及师生之间的互动与交流，极大地提高了教学的个性化和互动性。

除了角色扮演，虚拟现实技术还被用于创建完全沉浸式的教学环境，如模拟国内外的政治事件、历史场景或者未来社会的模型。这种技术的使用不仅加深了学生对材料的理解，也激发了他们探索未知和解决问题的兴趣。更重要的是，虚拟现实技术可以帮助学生在一个可控制的、安全的环境中测试和应用他们的决策能力，为面对现实世界的复杂问题做好准备。

随着教学技术的进一步发展，未来的思政课程可能会采用更加高级的人工智能和机器学习工具，以提供更加个性化的学习体验和更精确的学习成效评估。这些技术不仅能够根据学生的学习进度和风格调整教学内容，还能通过分析大量数据来优化教学策略和课程设计。

综上所述，通过整合和应用这些前沿科技，思政教育能够更加有效地响应新时代的挑战，不仅提升了学生的知识水平和技能，而且帮助他们成为能够承担社会责任、具有全球视野和创新能力的现代公民。

四、中华优秀传统文化是大思政的重要组成部分

（一）中华优秀传统文化积极提升学生的综合素质

中华优秀传统文化是几千年文明积淀的结果，其中蕴含着丰富的道德观念、哲学思想和人文精神。这些文化不仅塑造了中华民族的独特性，也为现代教育提供了重要的启示。传统文化中的仁爱、诚信、礼仪、智慧和勇敢等价值观，至今仍然对塑造个人的品德和社会的和谐具有不可替代的作用。

在当前大思政教育框架下，深入分析并融入中华优秀传统文化，不仅能够帮助学生理解自身文化的根脉，而且能够通过古今对话增强文化自信。例如，儒家思想中的"仁爱"原则，强调对他人的关爱和尊重，这与现代社会主义核心价值观中的"和谐"和"公正"是相通的。通过引入这些传统概念，思政课程不仅能加深学生对中国传统文化的理解，还能促使他们在现代社会中更好地实践这些价值观。此外，中国的传统文化强调整体性和谐与中庸之道的价值，这些教育理念在今天的教育实践中依然具有现实意义。在快速变化的现代社会，这种强调平衡和和谐的哲学思想可以帮助学生在面对社会、经济和环境挑战时，做出更加稳健和明智的决策。例如，中庸之道教导我们在冲突和极端情况中寻找平衡点，这对于培养能够适应多元文化和全球化挑战的公民来说，是非常宝贵的指导原则。法家的严谨法治思想也为现代社会治理提供了借鉴。在思政课程中，通过讨论法家的法治理念，教育学生理解法律的重要性，并学习如何在生活中运用法律知识保护自己的权益，同时尊重和维护他人的合法权利。这种教育方式不仅传承了中国的法治传统，也促进了学生法治意识的形成和公民责任感的增强。道家的自然哲学和宇宙观提供了一种看待世界的独特视角，强调顺应自然规律，倡导内心的平静和自我反省。这些思想在当前强调心理健康和个人成长的教育环境中尤其有价值。将道家思想融入思政教育，可以帮助学生在面对压力和挑战时，更好地调整心态，寻求心灵的平和，从而增强个人的心理韧性和解决问题的能力。

通过这样全面地整合中华优秀传统文化，大思政教育不仅让学生学习到了丰富的文化知识，而且极大地提升了学生的综合素质，使他们能够在全球化的大背景下更好地理解中华文化的独特价值，以及如何将这些价值观念应用到现代社会的多方面问题中，从而培养出更具国际视野、更能够适应未来挑战的优秀公民。

（二）传统文化使得大学生文化认同更加自信

传统文化在培养学生的道德情操、文化认同感以及创新思维方面发挥着至关重要的作用。在道德情操的培养上，中华传统文化强调的"礼义廉耻"四字教诲，至今为社会所推崇。通过将这些传统教育理念融入思政教育中，学生可以在遵守现代法律法规的同时，内化这些道德规范为自身行为的指南。

在文化认同感的培养上，随着全球化的深入和文化多样性的增加，强化国家文化认同感变得尤为重要。传统文化教育通过让学生深入学习中华民族的历史、文学、艺术等，增强了学生对自己文化根源的自豪感和归属感，这对于构建社会主义核心价值体系是非常有益的。

此外，传统文化对创新思维的培养也不容忽视。中国古代的许多思想家如孔子、老子、墨子等，在道德和哲学领域有深刻的洞察，他们的思想鼓励后人不断探索和创新。例如，道家的无为而治思想实际上是一种早期的"放权"理念，这对现代管理学中的授权放权理论颇有启发。在思政课程中引入这些思想，可以激发学生的批判性和创造性思维，鼓励他们对传统与现代的关系进行深思，并寻找将传统智慧应用于现代社会问题的新方法。

在实践教学中，结合传统节日和习俗组织的文化体验活动，极大地促进了学生对传统文化的认同和理解。例如，通过组织学生参加春节、中秋节等传统节日的庆祝活动，不仅让学生体验到中华文化的魅力，而且让他们在实践中学习到了如何将传统文化与现代社会价值相结合，进一步增强了文化自信。

传统文化中典籍，如《三国演义》《水浒传》《红楼梦》等，也是理解中国历史和文化的重要途径。通过分析这些作品中的人物和事件，学生可以学习到关于人性、社会关系和道德冲突的深刻洞见。这些都是现代社会公民所需要的重要素养。

总之，将中华优秀传统文化融入思政教育，不仅有助于培养学生的道德情操，增强其文化认同感，还能显著提升他们的创新思维能力。这种教育模式的实施，将为培养能够适应21世纪复杂多变的社会环境的全面发展人才打下坚实基础。

通过这样的教学策略，大思政不仅能够在传承中华优秀传统文化的同时，为学生提供一个更加全面、深入的学习平台，使他们在全球化的大背景下，更好地理解和应对各种社会挑战。这样的教育不仅是知识的传授，而且是智慧和精神的传承，对于培养具有全球视野的现代公民具有不可估量的价值。

第二节 中华优秀传统文化与校园文化的融合

一、校园文化在现代思想政治教育中的积极作用

（一）校园文化的定义与重要性

校园文化是指在学校环境中自然形成的独特教育氛围、价值观念、行为规范和活动实践。这种文化通过校园的日常活动、环境布置、教师行为以及学校政策等多方面综合体现。校园文化在塑造学生的个人品德、社会责任感及政治认同中起着至关重要的作用。它不仅影响学生的行为模式，还深刻影响他们的思维方式和价值观，是思想政治教育不可或缺的一部分。

校园文化的表现形式多样，包括但不限于校园传统活动、校训、校风和学习风气等。例如，学校可能通过定期举办的传统节日活动、纪念仪式或主题文化周等活动来弘扬和维护其独特的文化特色。这些活动不仅增强了学生对学校文化的认同感，也通过集体参与的方式加强了师生之间的社会联系，进一步营造出积极向上的校园氛围。

此外，校园文化还通过制定和执行一系列行为准则和规范来塑造学生的日常行为和决策过程。这些规范往往反映了学校的价值取向和教育目标，如诚实守信、尊重他人、责任感强等。它们被内化为学生的道德行为指南，有助于学生在校园内外展现良好的公民素质。

在政治认同的培养上，校园文化尤为重要。通过教师的日常教学，以及学校组织的讲座、展览和讨论会等方式，校园文化深化学生对国家的历史、政治理论以及当前政策的理解。这种教育方式有效地与思政课程相辅相成，加深学生对政治理论的认识，并在实际活动中加以应用，从而强化了学生的政治身份和责任感。

综上所述，校园文化是学校教育的核心组成部分，它通过多渠道、多样式的实践活动，不断影响和塑造学生的个性和行为，是培养学生综合素质以及进行思想政治教育的重要工具。通过有效地运用和发展校园文化，学校不仅能提升学生的教育体验，还能帮助他们在未来社会中成为有责任感、有道德标准并具备良好政治认知的公民。

（二）校园文化与思政教育的协同

校园文化的传统与创新极大地促进了思政课的教育吸引力与有效性。传统的校园

文化活动，如国旗下讲话、纪念日庆典等，已被证明能够有效增强学生的国家认同感和历史责任感。这些活动通过强化对国家重大历史事件的记忆与尊重，帮助学生建立起对国家和社会的深厚情感，同时也培养了他们的社会责任感和集体荣誉感。

创新活动，如模拟联合国、辩论会等，不仅让学生在实践中学习思政知识，还激发了他们的参与兴趣和批判思维能力。这类活动通过模拟真实的国际交流场景或公共政策辩论场景，使学生能够在亲身参与的过程中更好地理解政治理论，并将其与国际视野相结合，从而提高他们的分析问题和解决问题的能力。这种教学方式极大地提升了思政教育的互动性，使其不再是抽象的理论传授，而是一种富有参与感和实践性的学习体验。

在具体案例中，某高校通过组织"传统文化周"活动，包括书法、国画展览与体验、传统音乐会等，有效地将中华优秀传统文化与思政教育结合起来。这些活动不仅让学生亲身体验和学习传统艺术，还通过讲座和讨论会的形式，引导学生深入理解这些文化背后的哲学思想及其在现代社会的应用，从而深化了思政课程的教育效果。例如，在书法体验活动中，通过细致解读书法作品中的诗词意境与历史背景，学生不仅学习到了书法技艺，而且对中国的语言美学和哲学思想有了更深刻的认识和感受。

此外，通过这种方式，学生能够在实际操作和感性认识中，将传统文化的内涵与现代社会的需求相联系，实现知识的综合应用。这不仅增强了思政课程的教育深度，也使学生能够更全面地了解中华文化的多样性及其对现代社会的贡献。通过这样的学习方式，学生的文化自信和民族自豪感得到了显著增强，为他们在全球化背景下的跨文化交流与合作打下了坚实的基础。

（三）校园文化的现代表达

在现代社会，利用新媒体和技术传播校园文化已成为一种趋势。通过社交媒体、校园网站等平台，学校能够快速、广泛地传播其核心价值观和重大活动信息。这些平台也成为展示校园文化的新舞台。例如，通过微博或微信公众号发布的学校大事件、学生事迹以及思政教育相关内容，不仅增强了学生的归属感，还促进了校园文化的内化过程，使学生能够在日常生活中不断地受到正面的思想政治影响。

此外，校园文化还扮演着帮助学生处理历史价值观与现代价值观冲突的桥梁角色。在多元价值观快速碰撞的今天，学生往往面临着传统价值观与现代价值观、东方价值观与西方价值观的冲突。校园文化通过各种教育活动，如主题讲座、历史影视剧的观看与分析等，引导学生理解不同文化背景下的价值观，并学习如何在尊重传统的基础上融入现代社会，处理好个人认同与社会发展之间的关系。

这种通过新媒体传播的校园文化具有即时性和广泛性，能够快速反应社会事件或校园变化，并即时将信息传达给学生和教职工。这不仅让校园的每个成员都能保持信息同步，而且能够通过即时讨论和反馈，加强社区的凝聚力，并形成共识。

例如，当社会事件触发公共讨论时，学校可以通过这些平台快速组织在线论坛或辩论，让学生在理解事件背景的同时，也能表达自己的观点和见解，学习如何基于信息和分析进行理性讨论。这种活动不仅提升了学生的批判性思维能力，也帮助他们学会了如何在信息爆炸的时代中筛选和评价不同的信息。

同时，新媒体平台也为校园文化的多样性和包容性提供了展示窗口。学校可以通过这些平台展示不同文化和民族的节日庆典、艺术作品和传统习俗，增强学生对多元文化的理解。这不仅促进了校园内不同背景学生的相互理解和交流，也为建设开放、包容的校园文化环境提供了实际行动。

通过这样的策略，校园文化不仅在传播和教育上发挥了积极作用，而且在培养学生面对全球化挑战时所需的复杂技能和灵活应对能力上也起到了关键作用。这些技能包括跨文化交流能力、多角度思考问题的能力以及在多变环境中保持个人稳定和发展的能力，都是当代学生走向未来不可或缺的资本。

总的来说，校园文化在现代思想政治教育中起到了桥梁和纽带的作用，不仅拓展了教育的深度和广度，还提升了学生的综合素质和社会适应能力。通过有效的校园文化建设和活动实施，可以极大地促进思政教育的目标达成，为培养符合新时代要求的高素质人才打下坚实基础。

二、中华优秀传统文化与校园文化融合的挑战

（一）文化差异与冲突

在融合中华优秀传统文化与现代校园文化的过程中，文化差异与冲突是无法避免的主要挑战之一。传统文化与现代校园文化在价值观念、行为习惯上常常存在显著的差异。传统文化强调集体主义、家族荣誉和遵守既定社会规范，而现代校园文化更倾向于个人主义、自我表达和创新思维。这种根本的价值观差异可能导致学生在日常行为和互动中感到矛盾和困惑。

具体案例表明，不同文化背景的学生在校园文化活动中可能遇到适应性问题。例如，国际学生可能对中国的传统节日和礼仪感到陌生，而中国学生可能对西方的开放

讨论和批判性思维方式感到不适。这种文化适应性问题不仅影响学生的社交融入，也可能影响他们的学习和心理健康。

例如，中国的春节和中秋节在校园中通常伴随着特定的传统活动，如舞狮、挂灯笼和团圆饭等。这些活动对于中国学生来说是家庭和文化认同的重要表达，但对于不熟悉这些传统的国际学生可能感到排外和不易融入。同样，西方的讨论式课堂和主动表达个人观点的教学方式，可能会让习惯于传统课堂听讲的中国学生感到不适应和压力大。

此外，这种文化冲突还可能在教师与学生之间造成误解。传统文化倾向于教师的权威性和学生的顺从性，而现代教育模式鼓励学生批判性思考和质疑权威。这样的差异可能导致中国学生在面对需要主动参与和公开表达意见的情境时感到不自在，而国际学生可能会对过于严格和形式化的教学风格感到不满。

处理这些文化适应性问题需要学校采取积极的措施，如通过文化交流活动帮助学生更好地理解和欣赏不同的文化背景。此外，教师应调整教学方法，结合不同的文化特点来设计课程和活动，确保所有学生都能感到包容和尊重。这不仅有助于学生的文化适应和学习效果提升，也有助于构建一个多元化、包容性强的校园环境。

（二）传统文化的现代适应性

融合传统文化元素与现代教育理念及技术，尽管有其内在价值，但也面临诸多困难。一方面，传统文化的教育内容往往需要通过比较传统的方式传授，如通过讲故事或师徒制，这与现代教育强调的互动式和技术驱动的学习方式有所冲突。例如，传统文化经常依赖口头传播和模仿学习的方法，这些方法在今天的教育环境中可能不被视为最有效的教学策略，尤其是在培养批判性思维和解决问题能力方面。另一方面，某些传统理念可能不易被现代学生接受，因为它们可能与现代社会的主流价值观念相悖。例如，传统文化中强调的性别角色和家庭结构在现代多元和包容的社会观念中可能会引起争议。

此外，传统文化在现代校园中也可能面临误解和偏见的问题。例如，一些传统节日的庆祝方式可能被误解为迷信活动，或者传统的道德教育可能被视为过时的约束。庆祝农历新年的某些习俗，如拜祖先，可能在不了解这些文化背景的人看来是一种迷信。同样，儒家思想中对于长幼有序的强调，在强调个人自由和平等的西方文化影响下的学生中可能不会得到认同。

这些误解和偏见不仅阻碍了传统文化的传播，也可能引起文化身份的冲突。在校园中，这种冲突可能表现为学生之间或学生与教师之间因文化理解不同而产生的矛盾。例如，一位坚持传统教育方法的老师可能与习惯于西式教育方法的学生产生摩擦，学生可能感觉老师的教学方式限制了他们的创造力和表达自由。

为了解决这些问题，学校需要采取措施来加强师生对传统文化的理解和尊重。这可以通过组织文化交流活动，加强师资培训，以及在课程设计中融入文化多元性教育来实现。同时，采用现代教育技术来重新解释和呈现传统文化，也可能是一种有效的方法。例如，可以使用虚拟现实技术来重现历史事件或传统生活方式，让学生以全新的视角体验和学习传统文化。

通过这些方法，学校不仅能帮助学生正确理解传统文化，还能在培养学生的全球视野和文化竞争力方面发挥重要作用。这种深入的文化教育将使学生能够更好地理解世界的多样性，并在未来的社会互动中发挥积极的作用。

（三）资源与支持的局限

推广传统文化在校园中的另一个挑战是资源与支持的局限。许多学校在资源分配上可能更倾向于支持科技、工程等领域，而对于文化教育的投入相对较少。这种资源短缺不限于财政资助，还包括教育材料、合格教师和适当的教学设施等方面。

教育材料，如传统艺术工具、文化遗产文献和地方特色艺术品，往往需要特殊的保存和展示条件，而这些与高科技设备相比往往不被优先考虑。合格的教师也是推广传统文化教育中的一个瓶颈。传统文化领域的教师不仅需要有深厚的文化背景，还需要具备将传统文化与现代教育方法结合的能力，这样的双重专长教师在教育市场上相对稀缺。此外，适当的教学设施，如专门的文化艺术展览室、传统音乐教室等，也常常因为预算限制而难以建立。

政策支持不足也是一个重要问题。如果缺乏明确的政策引导和激励机制，学校可能不会主动推广传统文化教育。在当前教育政策中，往往强调科技、语言和数学能力的培养，而文化教育相关的政策支持不够具体，导致学校在执行时可能会忽略传统文化的教育。此外，有关传统文化教育的评估标准和教学成效的认证机制也相对缺乏，这进一步降低了学校推广传统文化教育的积极性。

传统文化教育必须与外部文化的影响力竞争，如流行文化和西方文化的广泛传播，这些都可能削弱传统文化在校园中的影响力。在全球化和互联网时代，学生日常接触的大多是流行文化和西方文化元素，如流行音乐、电影和网络媒体内容。这些内容的鲜明现代性和娱乐性往往比传统文化更能吸引年轻人的注意力。在这种文化环境下，传统文化很容易被视为陈旧和不切实际，从而影响学生的兴趣和接受度。

因此，有效推广传统文化教育，需要政策层面的强化和资源投入的增加。政府和教育部门应该制定更具体的政策，提供必要的财政支持和专业培训，建立评估和激励机制。同时，也需要通过媒体和公共平台提升传统文化的现代相关性和吸引力，以适应当代学生的需求。这样才能在校园中真正地提升传统文化的地位和影响力，使其成为现代教育体系的有机组成部分。

总之，中华优秀传统文化与现代校园文化的融合面临多方面的挑战，这要求教育者、政策制定者和社会各界共同努力，通过创新教育模式、加强资源支持和改善政策环境。来克服这些挑战，促进传统文化在现代教育中的健康发展和广泛传播。

三、中华优秀传统文化与校园文化融合的策略

（一）强化文化教育政策

为了有效地将中华优秀传统文化融入校园文化，首先需要从政策层面加以支持。学校和教育机构可以通过设立特色课程和活动日来系统地介绍和教授传统文化。例如，学校可以设立"传统文化周"，在这一周中安排一系列活动和课程，包括中国书法、传统音乐、戏剧表演和历史讲座，使学生能够在多方面体验和学习传统文化。

此外，制定具体措施以促进传统文化与校园文化的有机结合也非常关键。学校可以在新生入学教育、毕业典礼等重要时刻，融入传统文化元素，如穿着汉服举行成人礼或毕业仪式。这不仅增强了仪式的文化氛围，也让传统文化在学生心中留下深刻印象。

通过这种系统的策略，学校可以将传统文化的学习和体验变得更加深入和广泛。设立特色课程，如"中国哲学与思想""中国古代历史与文化"等，可以让学生在课堂上系统地了解中国传统文化的精髓。课程可以结合现代教学方法，如讨论会、案例分析等，使传统文化教学既严谨又充满活力。

活动日或文化周则提供了一个平台，让学生可以通过更多感官体验来接触传统文化，比如试穿汉服、亲手制作中国传统美食、学习中国茶道、参与书法工作坊等活动。这些亲身参与的体验活动能够极大增强学生的学习兴趣和文化认同感。

在重要的校园时刻融入传统文化元素，如使用汉服作为学生的正式礼服，进行传统的敬茶仪式等，不仅美化了校园仪式，还加深了学生对传统文化的敬重和爱好。这样的活动不仅让传统文化成为学生生活的一部分，也让外来学生和家长能够直观地感

受到中国传统文化的独特魅力和现代价值。

总之，通过这些综合策略的实施，可以有效地将中华优秀传统文化融入校园文化中，不仅增强了学生的文化自信，也促进了校园文化的多元化发展。这些努力有助于培养出具有国际视野的学生，为他们未来在全球化世界中的成功奠定坚实的文化基础。

（二）创新传统文化传播方式和教育工具

在传统文化的传播方式上，创新是关键。利用数字媒体和互联网技术可以极大地拓宽传统文化的影响范围并提高其吸引力。例如，通过制作传统文化主题的短视频、互动微课程、在线展览等，可以使传统文化以更现代、更符合年轻人口味的方式呈现。这些方法不仅提供了更加动态和互动性强的学习体验，还允许内容创作者将深奥的文化知识转化为易于消费和分享的格式，从而吸引了更广泛的观众。

例如，短视频可以通过讲故事的形式，结合丰富的视觉和音效，讲述中国的传统节日、历史事件或者传说故事，使其更加生动有趣。互动微课程则允许用户通过点击、观看、回答问题等形式，主动探索课程内容，这种参与性强的学习方式能够显著增强学习者的学习动机和效果。在线展览则利用虚拟现实或增强现实技术，让观众仿佛置身于历史场景中，直观地感受传统文化的魅力。

开发互动式和游戏化的教育工具也是提升传统文化教育参与度的有效策略。例如，可以开发包含中国历史、哲学思想、文学作品的教育游戏，让学生在游戏的过程中学习和体验中国传统文化。这种方式不仅使传统文化的学习变得更加有趣，而且通过游戏机制的设置，如任务挑战、角色扮演、故事推进等，能够激发学生的兴趣和探索欲。

这些游戏化学习工具尤其适用于年轻一代，因为它们与学生日常接触的电子游戏环境类似。学生可以在享受游戏乐趣的同时，无形中学到有关传统文化的知识。此外，这种方法还可以帮助学生在实际操作中学习到如何应用这些传统知识解决问题，进一步深化他们对文化知识的理解和应用。

综上所述，通过创新的传播方式和教育工具，我们不仅能使传统文化教育更加吸引学生，还能在全球化背景下保护和传承宝贵的文化遗产。这些策略的实施需要教育者、技术开发者和文化工作者的共同努力。通过他们的合作，传统文化可以在现代社会焕发新的活力，成为连接过去和未来的桥梁。

（三）培养师资和开展师训

教师是传统文化教育的关键，因此，培养具有深厚传统文化背景知识的教师队伍是必不可少的。学校应该定期为教师提供专业的培训，更新他们的教育内容和方法，确保他们能准确、生动地传授传统文化。

这些培训可以包括传统文化的基础理论教育、教学方法的现代化改进，以及如何将传统文化融入现代教育体系的实际操作等。通过这样的师资培训，教师不仅能提升自己的教学能力，也能更好地激发学生对传统文化的兴趣。

例如，教师培训程序可以设计成包括专题讲座、工作坊和实地考察相结合的模式。在专题讲座中，可以邀请传统文化领域的专家深入解析中国古典文学、哲学、艺术和历史等内容。工作坊则可以侧重于教学技巧的提升，如如何使用案例教学法、讨论法和问题解决法来教授传统文化。实地考察则可以组织教师前往历史遗址、博物馆和文化节等，让教师亲身体验和学习，从而更深入地理解文化的内涵。

此外，培训还应包括如何利用现代技术工具来教授传统文化。例如，教师可以学习如何制作互动式电子课件，使用视频和多媒体等数字资源来丰富教学内容。这种技术的融入不仅可以使课程内容更加生动有趣，也能帮助学生更好地理解和吸收传统知识。

在培养师资的过程中，应关注教师的文化认同感和传承责任感的培养。教师作为文化传递的桥梁，其自身的文化认同感将直接影响到教学的效果和学生的学习热情。因此，师资培训也需要涵盖如何在教师中建立和强化这种文化责任感，确保他们能以积极的态度去教授和推广传统文化。

通过这些综合性的培训措施，教师将不仅能够传授知识，而且能够激发学生对传统文化的探索兴趣和深层次的理解，为传统文化的传播与持续发展提供坚实的教育基础。这样的教育实践不仅提升了教师的专业能力，也极大地丰富了校园文化的内涵，促进了传统文化与现代文化的有机融合。

（四）社区与家庭的合作

通过深入分析一些成功的案例，我们可以清楚地看到实践性教学在思政课程中的应用效果非常显著。以某高校的"社会实践与思政教育结合"项目为例，该项目特别强调了理论与实际相结合的教学模式。在这个项目中，学生被安排到农村地区进行为期数周的振兴调研活动，这不仅让他们有机会深入了解国家的农村振兴政策，还能直接参与实际问题的调查与分析。

在实践活动中，学生首先接受了关于如何进行有效沟通和社会调研的预备培训，随后他们分组深入农村，与村民进行面对面的交流。通过这种互动，学生不仅学会了如何与不同背景的人沟通，而且从一线实践中了解到了农村的实际需求，例如基础设施建设、教育资源、医疗条件等方面的具体问题。这种深入的体验教育帮助学生将抽象的政策与具体的实际情况结合起来，增强了他们解决实际问题的能力。

更为关键的是，这种实践性的教学方式极大地增强了学生的社会责任感。他们不仅看到农村地区面临的挑战，也体会到作为公民在社会发展中应承担的责任。学生的反馈表明，这类教学活动极大地激发了他们的实践能力和创新思维。许多学生表示，通过这种实践活动，他们更加明确了自己未来的职业方向和社会使命。

此外，此类项目也促进了学生对社会政策的理解和批判性思维的培养。通过亲身体验和后续的反思汇报，学生能够更加深刻地理解政策的深层意义和潜在的改进空间，为他们将来成为社会的建设者和领导者打下坚实的基础。

第三节　中华优秀传统文化与课程思政的融合

一、课程思政的含义

课程思政作为一种教育实践，旨在通过课程内容和教学活动传递社会主义核心价值观和思想政治教育。这种教育方式强调将思想政治教育与专业教学内容的有机结合，确保学生在学习专业知识的同时，能够深入理解并接受社会主义核心价值观。课程思政不局限于传统的政治课程，而是渗透于各学科和课程之中，形成全方位的教育影响。课程思政的教育目标包括培养学生的道德观、法治观和历史观，这些都是构建学生综合素质的重要方面。通过这种教育形式，学生可以增强对国家的认同感和对民族的归属感，同时也能够在道德和法治的基础上形成正确的世界观和人生观。此外，课程思政还致力于培养学生的批判性思维和独立思考能力。通过引导学生分析和讨论各种社会现象和历史事件，教师不仅传授了知识，而且教会学生如何思考。这种教育模式鼓励学生探索多种观点，形成基于理性和道德的个人见解。

实现这些教育目标的一个关键策略是跨学科教学。例如，在文学课上，教师可以引入社会主义核心价值观的讨论，通过分析文学作品中的人物和情节来探讨道德问题。在历史课上，通过研究不同历史时期的政治决策和社会变革，学生可以学习到国家发展的复杂性和法治的重要性。通过这种多维度的教育方式，课程思政有助于学生全面发展，不仅仅是学术上的进步，还包括道德和思想上的成熟。这样的教育不仅为学生今后的职业生涯奠定基础，更为他们作为责任感强烈的公民参与社会生活提供了工具。

此外，课程思政的重要性还体现在其对学生个人品质、思想深度和社会责任感的塑造上。通过与传统文化和现代价值观的结合，课程思政帮助学生形成了坚实的道德基础和批判性思维能力，使他们能够更好地理解社会现象，分析社会问题，并积极参与社会建设。这种教育方式不仅提升了学生的专业能力，而且培养了他们作为未来社会成员的综合素质。在这种教育模式下，学生不仅学习到如何应用理论知识解决实际问题，还学会了如何在复杂的社会环境中做出道德和伦理上的判断。例如，课程中可能包含对经典哲学问题的探讨，或对当代社会争议话题的分析，这些都促使学生从多角度理解问题，并培养他们的同理心和道德判断力。通过这些深入的讨论和案例分析，学生能够在实际生活中更好地应用这些道德原则，处理人际关系和社会冲突。课程思政还强调学生的社会参与，鼓励他们不仅关注个人发展，也关心社会进步。学生被引导去思考如何为社会带来积极的改变，无论是通过志愿服务、参与社区活动，还是通过专业技能解决社会问题。这样的实践机会不仅增强了学生的社会责任感，也帮助他们实现了从理论到实践的转化。

综上所述，课程思政通过整合传统价值观与现代价值观，在培养学生的专业技能的同时，更加重视他们的个人品质和社会责任感的发展。这种全面的教育策略不仅培养了具备批判性思维的学生，也为社会培养了具有高度社会责任感和道德标准的未来公民，为他们成为能够面对未来挑战和机遇的人才打下坚实的基础。

二、优秀传统文化与课程思政结合的优势

中华优秀传统文化，作为中国悠久历史和文化的重要载体，承载着丰富的历史、文化、道德和哲学思想。这些文化遗产对当代青年的教育具有不可替代的作用，能够帮助他们在快速变化的现代社会中找到精神的归属感和文化的根基。通过将这些传统文化元素融入课程思政中，不仅可以加强文化的传承，还能激发青年学生对中国传统文化的自豪感和认同感。

将优秀的传统文化与课程思政相相结合，具有显著的教育融合益处。

首先，这种结合方式可以极大地增强课程的吸引力，因为它使课程内容更加丰富和多元。例如，通过引入传统节日、历史典故或哲学思想，教师可以使思政课程更加生动有趣，增强了学生对课程内容的兴趣和情感认同。

其次，这种融合有助于学生更好地理解和吸收社会主义核心价值观，因为这些价

值观与中国传统文化中的德行，如诚信、仁爱、礼节等，有着内在的联系。

再次，这种教育方法促进了学生对中国传统文化的深刻理解和价值的再发现。通过对经典文学作品的学习、历史事件的探讨以及哲学概念的讨论，学生不仅能够学习到丰富的知识内容，还能在此过程中培养对传统文化的尊重和欣赏。例如，通过分析《三国演义》中的人物决策、《孟子》中的伦理观念，学生可以获得关于领导力、道德判断和个人品格的深刻洞见。

又次，将传统文化融入思政课程极大地提升了教学的互动性和实践性。教师可以设计相关的课程活动，如模拟古代议事场景、重现传统节日庆典或者组织诗词朗诵比赛，这些活动不仅使学生能够在实践中体验传统文化的魅力，还能激发他们的创造力和团队合作能力。通过这种方式，学生能够在活动中实际运用他们所学的历史知识和哲学理念，从而更全面地理解和掌握课程内容。

从次，结合传统文化和课程思政的教学帮助学生建立起更为全面的世界观。在了解自己国家和文化的基础上，学生更容易开放心态，接受和尊重来自不同文化背景的观点和习俗。这种文化的开放性和包容性是当今全球化世界中不可或缺的能力。通过课程思政的这种教学方式，不仅能培养学生的国家认同感，也能促进他们成为具有国际视野的公民。

最后，传统文化在培养学生的社会责任感、自我修养和解决社会问题的能力中也扮演着关键角色。传统文化强调个体与社会的和谐共处，提倡礼仪、尊老爱幼、助人为乐等社会行为，这些都是现代社会所推崇的社会责任感的体现。通过课程思政，这些传统的文化价值得以传授给年轻一代，帮助他们在日常生活和将来的职业生涯中发展出解决问题的能力和维护社会和谐的意识。

总之，中华优秀传统文化与课程思政的有效结合，不仅能促进文化的传承与创新，还能显著提升教育的质量和效果，为培养具有历史责任感和文化自信的现代公民打下坚实的基础。

三、中华优秀传统文化与课程思政结合的策略

在将中华优秀传统文化与课程思政成功结合的过程中，可采取多种策略，确保教学内容的深度与广度，同时增强学生的学习体验和理解。

（一）课程内容整合

为了有效地将传统文化的核心价值观和元素融入思政课程，教师可以从以下几个

方面着手。

第一，文化价值融入。将孝、礼、仁、义等传统美德直接融入课程讨论中。例如，通过讲解这些传统价值观在现代社会中的实际应用，帮助学生理解其与现代社会主义核心价值观的联系。又如，教师可以组织讨论或小组活动，让学生探讨在当代中国社会中如何实践孝道，或者如何将仁爱的原则应用于解决社会冲突和增强社区的凝聚力中。这种活动不仅促了进学生对传统道德的理解，还强化了其在现实生活中的应用意识。

第二，选取经典文献。选取《论语》《孟子》等儒家经典以及《资治通鉴》中的历史事件，作为教学材料。通过分析这些经典文献和历史事件中的人物行为和思想冲突，学生可以更深入地理解传统文化的深远影响。这些古代文献不仅是理解中国古代社会结构和思想的窗口，也是理解现代中国社会行为和政策的基石。例如，通过分析《孟子》中关于仁政与暴政的论述，学生可以对比现代政府政策的公正性和人民的反应，从而更深刻地理解政治决策的影响。

此外，教师还可以利用这些教学策略，设计具体的课程模块和项目，如制作有关孝道在现代中国家庭中应用的短视频，或者创建一个关于如何在现代社会中应用《论语》中的思想的论坛。通过这些实践活动，学生不仅能够在课堂上学习理论，还能在现实世界中找到这些古老智慧的现代意义和应用，进一步增强课程的吸引力和教育效果。

(二) 教学方法创新

创新教学方法可以极大提升学生的参与度和课程的互动性。

第一，互动式教学。采用案例研究、角色扮演和故事讲述等方法，使学生能够在模拟情景中扮演不同的角色，从而更加身临其境地理解和讨论传统文化和道德问题。例如，教师可以设计模拟古代朝廷辩论的角色扮演活动，学生分别扮演不同的历史人物，辩论如何处理国家大事。这种方法不仅加深了学生对历史事件的理解，还锻炼了他们的辩论和公共演讲技能。通过这种互动式学习，学生能够更深刻地体会到各种政策决策背后的道德考量和文化价值。

第二，传统艺术与节日活动。在课堂上引入书法、国画、戏曲等艺术形式的基础教学，并在重要传统节日，如春节、中秋节时，组织相关的文化体验活动，让学生通过实践活动感受传统文化的魅力。例如，可以安排一个"中国文化日"，让学生亲手制作春节的对联、灯笼，或者参与制作月饼和观看戏曲表演。这些活动不仅让学生在动手操作中学习了传统技艺，也帮助他们理解了这些文化活动在中国社会和家庭中的重要意义。

此外，教师可以利用现代技术增强这些传统教学活动的互动性和趣味性。例如，使用虚拟现实技术让学生体验历史事件或文化遗址的虚拟游览。通过虚拟现实头戴设备，学生可以"参观"故宫、长城等历史地标，或者"参与"古代的节日庆典和典礼，这种沉浸式体验能够极大地增强学生对历史和文化的感知深度和情感联系。

通过这些创新的教学方法，课程不仅能够增强学生的学习动力和课堂参与度，还能有效地将传统文化的学习与现代教育技术相结合，使学生在享受学习乐趣的同时，更全面地了解和传承中国的传统文化。

评估与反馈

为了确保教学方法和内容的有效性，持续的评估与反馈机制至关重要。

通过定期的学生反馈和课程评估，教师可以了解教学方法和内容的接受度及其效果，从而进行必要的调整。这种评估不仅包括传统的考试和测验，还应包括学生的自我评估、同伴评价以及项目实操的综合评估。例如，学生可以在课程结束时填写问卷，反映他们对教学内容的理解、教学方法的喜好以及改进措施。这些反馈将直接影响课程设计，使教师能够根据学生的学习需求和反应调整教学策略和课程内容。

利用在线教育平台收集反馈，实现课程内容的动态更新。现代教育技术，特别是学习管理系统（LMS）和学生信息系统（SIS），为教师提供了实时数据分析和收集反馈的工具，这些工具可以帮助教师监控学生的参与度、进度和成就。

通过这些策略的实施，教师可以确保教学活动不仅满足教学目标，也适应学生的学习风格和需求。此外，结合技术的应用能够使课程更加生动和具有吸引力，同时提供定量和定性的反馈，支持教师在教学过程中做出科学和有效的决策。这种评估与反馈机制是实现教育目标、优化学习过程和提高学生满意度的关键。

第四节　中华优秀传统文化为大学生就业创业赋能

一、当前大学生就业创业的形势

当前的就业市场对大学生来说既充满机遇又充满挑战。随着经济的全球化和技术的快速发展，就业市场的竞争变得越来越激烈。岗位需求的多样化要求应聘者不仅要具备专业知识，还要具备跨领域的能力和创新思维。同时，宏观经济的波动，如经济增长放缓或全球贸易紧张，也直接影响就业市场的稳定性和岗位的可用性。

大学生在就业市场上面临的主要难点包括职业技能与市场需求之间的不匹配，以及缺乏实践经验。许多雇主报告称，毕业生虽然在理论知识上表现良好，但往往缺乏必要的实践技能，如团队合作、项目管理和解决复杂问题的能力。此外，高校教育中对工作环境的模拟和实际操作的机会仍相对有限，这使许多大学生在进入职场时感到不适应。

在创业方面，尽管当前创业环境因技术进步和政策支持而日益友好，但大学生创业者仍需面对资金获取、市场定位和可持续经营的挑战。政府和高校提供的创业支持措施，如创业基金、孵化器和创业训练营等，为学生创业提供了一定的帮助。同时，随着数字经济的发展，越来越多的大学生选择通过互联网平台开展业务，探索新的商业模式。

二、中华优秀传统文化赋能大学生就业创业的必要性

中华优秀传统文化是中国五千多年文明的结晶，其深厚的文化积淀不仅是国家的宝贵财富，也是现代大学生在就业和创业道路上的重要精神支柱。在全球化和市场竞争激烈的背景下，中华传统文化的价值更显珍贵，为大学生的职业发展和创业活动赋能。

（一）文化自信与职业发展

在当前全球化和高度竞争的职场环境中，中华传统文化中的自信心和恒心显得尤为重要。这些品质不仅有助于大学生在职业生涯中稳定发展，而且在面对不断变化的市场和技术革新时，它们能够提供必要的精神支持和动力。

中华传统文化强调自我提升和持续学习的价值观。孔子的"修身、齐家、治国、平天下"的理念不仅是对个人发展的全面描述，也明确指出这一发展过程的逐步扩展，从个人到家庭，再到国家乃至整个世界。对大学生而言，这种理念是一种鼓励他们不断提升个人能力和扩展影响力的哲学。在职业发展过程中，这种自我增值的过程非常关键，它帮助个人在面对职场挑战时能够自信地迎接，坚持自己的价值和目标不动摇。

此外，恒心和毅力的培养是《论语》中另一个重要主题。"工欲善其事，必先利其器"不仅强调了准备的重要性，也提醒我们在专业领域要不断磨炼技能和积累经验。对于大学生而言，这意味着在求职或创业之前，必须通过实习、学术研究和持续教育做好充分准备。这种准备不仅限于技能和知识水平的提升，也包括对所处行业的深入理解和对未来趋势的敏锐洞察。

这些从中华优秀传统文化中提取的思想，对于大学生来说不仅是职业发展的助力，而且是一种生活方式的指南。通过这些文化教诲，大学生可以在职业道路上建立起坚实的基础，成为能够自信面对全球挑战、负责任地行动，并在多变的职场环境中保持持久竞争力的职业人。这种文化赋能，使他们在现代社会中不仅能够成功，还能够引领变革。

（二）道德规范与职业道德

中华传统文化中深植的道德规范，如诚信、仁爱、礼义，不仅构成了中国社会的道德基础，而且在全球化的现代职场中发挥着重要作用。这些道德规范为大学生提供了在职场上的行为指南，帮助他们在复杂多变的工作环境中保持道德标准和职业伦理。

在职场上，诚信是建立有效人际关系和商业信誉的关键。诚信的表现可以是遵守承诺、真诚沟通以及公正交易。例如，当一个人承诺完成一个项目的某个阶段时，诚实地遵守这一承诺不仅展示了个人的可靠性，也增强了团队的整体效率和信任感。对于大学生而言，诚信不仅可以在学术活动中得以体现，如诚实地完成作业和考试，也应该在实习和初入职场时得以体现。

仁爱是职场中另一个极为重要的传统道德规范。它要求个体在处理职场关系时展现出同情和理解。在现代组织结构中，仁爱的体现可能是对同事的个人境遇表示关心，或在决策过程中考虑团队成员的福祉和发展。通过展示仁爱，大学生可以在团队中建立起领导力，成为既受尊重又受欢迎的团队成员。

礼义是调节个人行为、确保社会和职场和谐的道德规范。在职场中，礼义的表现形式可能是尊重上下级关系、礼貌待人以及遵守职场规范和文化。对大学生而言，理解并实践礼义可以帮助他们快速适应新的工作环境，避免不必要的文化冲突，从而更顺利地融入团队和组织。

大学生如果能将这些传统道德规范内化于心，并应用于日常的职业行为中，不仅能在职场中建立起良好的人际关系网络，还能在面对道德和职业挑战时做出正确的决策。通过这样的道德修养，他们将能够建立起稳固的职业基础，成为既有能力又有道德感的职场人士。

（三）传统智慧与创业创新

传统文化中的智慧，特别是《孙子兵法》中的策略思维，为现代创业活动提供了指导。这种古老的军事策略著作虽然根植于战争背景，但其核心原理在当今的商业和创业环境中依然适用。

《孙子兵法》中的"知己知彼，百战不殆"强调深入了解自己及竞争对手的重要性。对于创业者而言，这意味着一方面必须对自己的业务有深刻的理解——包括公司的强项、弱项以及核心竞争力，另一方面要对市场上的竞争对手进行全面分析，了解他们的策略、产品以及市场表现。通过这种全面的自我审视和市场审视，创业者能够制定出更为精准和有效的业务策略，从而在激烈的市场竞争中占据优势。

此外，《孙子兵法》还倡导适应环境变化和灵活运用策略，这对创业者来说极为重要。在快速变化的商业环境中，能够迅速适应市场变化、调整业务策略，并有效利用每一次机会的创业者，更可能在竞争中生存下来并取得成功。例如，通过了解新兴的技术趋势或消费者行为的变化，创业者可以开发新的产品或服务，以满足市场中未被满足的需求。

《孙子兵法》中还有许多关于如何运用信息战的策略，这在现代商业环境中体现为市场研究和数据分析的重要性。通过收集并分析关于市场、客户和竞争对手的数据，创业者可以更精确地做出业务决策，优化产品和服务，以及预测市场趋势。

总之，将《孙子兵法》等传统智慧融入现代创业实践，不仅可以帮助大学生创业者制订出更为科学和更具战略性的业务计划，还可以增强他们在不确定的、竞争激烈的市场环境中的应对能力。这种结合传统智慧与现代创新的方法，是当代创业教育中一个值得深入探索和实践的方向。

综上所述，中华优秀传统文化不仅为大学生的就业和创业提供了道德指导和精神支持，还提供了实用的思维工具和战略框架，是现代大学生在职业发展道路上不可或缺的力量来源。

三、中华优秀传统文化为大学生就业创业赋能的策略

为了有效地将中华优秀传统文化融入大学生的就业和创业准备中，可以采取一系列具体的策略，从教育整合与课程设计、实践机会与文化体验到职业指导与心理辅导，全方位地支持大学生的职业发展。

（一）教育整合与课程设计

1. 领导力培训与《论语》的结合

职业发展课程可以将《论语》中的思想理念融入领导力培训中。例如，通过解读孔子关于仁义的讨论，帮助学生理解和实践如何在领导岗位上做出道德决策和维护团队和谐。这种教育方法不仅提升了他们的领导能力，也培养了他们的道德判断力。具体来说，可以通过案例研究、角色扮演和团队讨论等互动形式，让学生探索如何将孔子的仁义思想应用到现代组织管理和团队领导中，如何通过道德领导促进工作场所的正直和效率。

2. 创业教育与《管子》的智慧

在创业课程中引入《管子》中的经济思想，如市场定位、资源管理和战略规划等，以帮助学生在准备自己的商业计划时能够采用古代的智慧，应对现代市场的挑战。《管子》提供了关于如何有效管理资源和优化产品策略的洞见，这些理念可以帮助学生理解如何在资源有限的情况下最大化利用现有资源，以及如何通过战略规划达到商业成功。课程可以包括模拟商业环境的活动，让学生实践这些古代策略如何帮助现代企业解决问题，如通过竞争分析来确定市场定位，或者利用资源管理理论来优化运营效率。

这些课程的设计不仅让学生能够学习和应用中华传统文化中的智慧，还能够直接影响他们的职业发展和创业成功。通过结合传统思想理念和现代教育方法，学生能够在职业生涯中形成独特的竞争优势，具备深厚的文化底蕴和实际操作能力。这种教育模式有助于学生全方位发展，不仅能够学习理论知识，还能够通过实践深入理解和掌握这些知识。

（二）实践机会与文化体验

1. 实习与志愿服务项目

通过与本地企业和文化机构合作，我们可以创建一系列实习和志愿服务项目，让学生在实际工作环境中运用他们学到的传统文化价值观。例如，通过参与社区服务项目，学生可以实践孔子提倡的仁爱思想，增强他们的社会责任感、提升其职业技能。这些项目不仅让学生在真实世界中应用他们所学，而且通过帮助他人和改善社区环境，加深了他们对仁爱和社会责任的理解。此外，这种实践也是职业发展的宝贵机会，学生可以在此过程中建立职业网络，提高就业前景。

2. 传统文化体验活动

定期举办书法、茶艺和国乐等传统文化工作坊，这些活动不仅使学生能够亲身体验和学习传统艺术，还能增进他们对传统文化深层价值的理解和欣赏，从而在职业生涯中能更好地展现中国文化的独特魅力。例如，书法工作坊不仅会教授书写技巧，还会深入探讨书法背后的哲学和美学原则，如何通过每一笔每一划表达情感和意境。茶艺工作坊可以让学生学习茶文化的礼仪和技艺，体验冥想和放松的过程。这些技能在快节奏的职场环境中尤其宝贵。

提供实践机会和文化体验是将传统文化价值观与现代教育有效结合的关键环节。通过亲身参与和体验，大学生不仅能够更深刻地理解传统文化的精髓，还能将这些价值观应用于他们的职业生活和社会互动中。

（三）职业指导与心理辅导

1. 职业指导工作坊

在职业指导工作坊中，我们强调传统文化中的职业智慧和生活哲学，帮助学生深入理解古代智者的教导，并将其应用于现代职业发展中。例如，通过研究孔子关于"君子务本，本立而道生"的原则，学生可以学习到在职业生涯中应先打好基础，再寻求发展和突破。同时，通过讨论老子的"上善若水，水善利万物而不争"理念，学生可以了解到在职场中如何以谦逊和包容的态度来建立人际关系与解决冲突。这些工作坊不仅提供理论学习的机会，还包括角色扮演、小组讨论和模拟面试等互动环节，使学生能够在实践中掌握这些古老智慧。

2. 心理辅导服务

心理辅导服务专注于帮助学生使用道家和佛家等传统哲学来处理职业生涯中的压力和困惑。例如，通过教授学生道家的"无为而治"和"顺其自然"的原则，引导他们在面对职业压力时保持冷静，并进行自我调节。此外，心理辅导还包括冥想、正念和深呼吸等技巧训练，这些技巧都有助于学生在压力情境下保持心态平衡，增强他们的心理韧性。心理辅导员会根据学生的具体需求提供个性化咨询，帮助他们解决个人职业规划和人际关系中的具体问题。

通过这样的职业指导和心理辅导，学生不仅能获得必要的职业技能和知识，还能学会如何管理自己的情绪和压力，做出更明智的职业决策。这种综合传统文化智慧和现代心理辅导技术的方法，为大学生提供了一种全面且独特的支持系统，帮助他们在未来的职业道路上更加自信。

参考文献

［1］杨飞，刘海华．中华优秀传统文化融入思政课研究［M］．秦皇岛：燕山大学出版社，2023.

［2］唐明燕．思政课教学的中华优秀传统文化资源及应用［M］．上海：复旦大学出版社，2022.

［3］马京．兴国之魂：践行社会主义核心价值观与弘扬中华优秀传统文化研究［M］．昆明：云南大学出版社，2022.

［4］王毅．走进课程思政：思政课程引领课程思政［M］．苏州：苏州大学出版社，2023.

［5］杨杰．文化渗透视角下高校思政教学探究［M］．长春：吉林大学出版社，2023.

［6］唐明燕．中华优秀传统文化的现代价值［M］．上海：文汇出版社，2023.

［7］张莹，贾瑞琪，胡余龙，等．高校学生社团实践与中华优秀传统文化传播［M］．成都：四川大学出版社，2023.

［8］刘艳芳．中华优秀传统文化融入高校思想政治教育研究［M］．郑州：郑州大学出版社，2021.

［9］王海云．弘扬中华优秀传统文化 培育社会主义核心价值观：基于高校思政课的教学与研究［M］．昆明：云南人民出版社，2021.

［10］吴宁宁．中华优秀传统伦理文化融入高校思政课教学创新研究［M］．北京：社会科学文献出版社，2023.

［11］戴孝悌．新时代高校经管类课程思政理论与实践研究［M］．北京：经济科学出版社，2020.

［12］卜令全．传统文化与高校思政融合发展研究［M］．北京：社会科学文献出版社，2023.

［13］徐以国．传统文化视角下大学生思政教育［M］．北京：原子能出版社，2018.

［14］刘金玲．传统文化融入高校思政课教育教学研究［M］．长春：吉林大学出版社，2018.

［15］唐红梅．新发展中国传统文化经典教程［M］．北京：北京理工大学出版社，2021．

［16］刘芹，岳松，付安玲．坚持文化传承 创新文化建设［M］．青岛：中国海洋大学出版社，2019．

［17］徐初娜．红色文化与高校思想政治教育耦合发展研究［M］．北京：新华出版社，2022．

［18］马建萍．道德与法治共融的德育课堂［M］．南昌：江西教育出版社，2021．

［19］张玲，赵鸣．新时代高校大学生思想政治工作体系构建与质量提升［M］．天津：南开大学出版社，2020．

［20］程艳丁，祥艳．高校思想政治理论课"听读写说行"教学模式研究［M］．北京：新华出版社，2020．

［21］王利，俞燕，庄坚泉．我国优秀传统文化在高校思想政治教育中的应用研究［M］．北京：中国华侨出版社，2023．

［22］朱美光．传统文化当代价值与组织行为学体系构件［M］．郑州：郑州大学出版社，2021．

［23］赵慧．高职院校文化建设与实践研究［M］．北京：中国纺织出版社，2019．

［24］胡政阳．新时代思想政治教育视域下中华传统文化的当代价值：基于思政、艺术与文化的多重视角［M］．北京：光明日报出版社，2023．

［25］李鸿雁，张雪．高校思政课教学改革与创新研究［M］．延吉：延边大学出版社，2022．